U0094866

世界哲學史 7

近代 II 自由と歴史的発展

近代篇（II）近代哲學的演進：自由與歷史

伊藤邦武／山內志朗／中島隆博／納富信留 主編
張哲鳴 翻譯
山村奨 監譯

目次

contents

PROLOGUE

前言

伊藤邦武

本書延續第六冊的內容，是近代篇的續集。第六冊主要聚焦於十八世紀的思想發展，而本書則深入探討十九世紀的思想潮流與變遷。

如果我們不從哲學史的視角，而是從世界史的角度來看，十九世紀究竟是個怎樣的時代呢？在這個世紀的舊世界——歐洲，各種動亂似乎延續了上個世紀大革命的餘燼，不同形式的變革此起彼伏。拿破崙戰爭與隨後的歐洲重組、德法兩國的社會主義運動、保守勢力推動的君主制復辟，以及工業革命的推動和資本主義經濟的迅速發展，這些事件交織在一起，共同編織出這個動盪多變的時代繪卷。

另一方面，美國在上一世紀脫離舊世界獨立後，經歷了這個世紀的大規模南北戰爭，最終實現了美利堅合眾國的統一。進入本世紀下半葉，舊世界的歐洲迎來了帝國主義的擴張與殖民統治時代。面對這一局勢，美國大致上採取了孤立政策。然而，在這場全球性的變革中，那些既非歐洲也非美國的非西方地區，包括印度、中國、南美洲和非洲等，無可避免地被捲入了西方主導的全球支配體系中。

那麼，在這樣一個充滿混亂與權力支配的時代中，如果「世界哲學」這一精神活動以某種形式發揮作用，那麼它究竟是一場怎樣的運動呢？眾所周知，經歷過拿破崙統治歐洲時期的德意志哲學家黑格爾（G. W. F. Hegel, 1770-1831）認為，在「絕對精神」的名義下，「理性」已經超越了古希臘時代部分實現的「自由」階段，並在基督教主導的歐洲達到了全面的自我實現。然而，黑格爾的這一見解在他去世後不久便迅速瓦解，可謂瞬間土崩瓦解。

十九世紀是一個與前一世紀在意義上有所不同的變革時代，全球各地湧現出推動大規模變革的力量。在這一時期，哲學吸納了這股能量，試圖擺脫過去思想上「舊制度」[1]的束縛，尋求自我解放。這一趨勢不僅在西方社會出現，東方社會同樣經歷了這樣的思想變遷。可以說，這是一股推動哲學從近代邁向現代的思想潮流。

本書將聚焦於德國、法國、英國、美國、印度和日本等多個地區，重新審視並探討推動這股思想潮流的各種要素。透過比較這些要素可以發現，儘管這些地區之間可能實際上沒有直接的聯繫，但在思想上依然存在著潛在的交流與重疊的可能性。本書旨在揭示一條通往現代哲學的隱性脈絡，並且為讀者提供探索這些思想脈絡的線索與啟示。

1 譯註：「舊制度」（法文：Ancien régime）是指法國大革命之前的法國政治與社會體系，特別是指封建君主制下的政治結構與社會秩序，核心特徵包括絕對君主制、貴族特權、教會特權以及等級制度的社會分層。舊制度下，社會被分為三個等級：第一等級是教士階層，第二等級是貴族階層，第三等級是包括市民、農民和商人在內的普通民眾。這種社會結構強化了權力與財富的集中，導致貧富差距擴大，並最終成為法國大革命的重要導火線。

CHAPTER

one

第一章
理性與自由

伊藤邦武

理性と自由

一、前言

自由的兩個意義

自由是「不自由」的對立面，因為不自由對所有人而言都是一件壞事，因此我們將自由視為一件好事。然而，這種應被推崇的自由究竟真正意味著什麼，卻並不容易理解。這是因為在不同的脈絡下，自由有著不同的含義，而且其價值難以簡單說明。

對於哲學這門學問而言，「何謂自由」是其根本問題之一。從根本上看，自由是一種其他存在者所不具備的獨特性質，專屬於人類。因此，哲學若試圖探索人類存在的本質，便無法迴避對自由的理解——這種獨屬於人類的特質究竟是什麼。

此外，在哲學中，自由不僅僅是日常語境中「不自由」的對立概念，更是一種與某種必然性相對立的思想。哲學家們探討各種形式的必然性，例如自然中的必然性、神對人類的超越性影響，甚至包括數學真理的必然性。在這樣的背景下，自由問題與人類對自然、神明以及永恆真理的關係緊密相連。在人類面對世界創造者——神的決定時，究竟能夠擁有多少自由？或者，人類的自由行為與自然現象的法則性以及數學真理的永恆性之間，又存在著何種關聯？

奠定西方近代哲學基礎的十七世紀哲學家笛卡兒（René Descartes, 1596-1650）認為，人類精神的自由可以分為兩種。一種是為了實現所追求的目標，積極自發地行使意志，被稱為「自發性的自由」；另一種則是在面對多種目標時，不受其性質和特徵的限制，任意選擇的自由，稱為「任意選擇的自由」。這兩種自由並非完全對立，但要同時兼顧它們並不容易。哲學家對自由的傳統討論，通常可以根據他們所認為的自由核心意義來加以分類。笛卡兒基本上強調意志的「自發性自由」，但有時也展現出對「任意選擇的自由」的重視。

十九世紀的自由論

本冊討論的十九世紀哲學在探討自由問題時的一個主要特徵，是試圖從外部事件的發展與變化，即隨時間推移而發生的各種事件來思考自由的兩種含義，而非像傳統哲學那樣，以人類精神的運作為出發點。自由在各種歷史發展、生物演化和社會變革中究竟以何種形式發揮作用？能否在歷史與演化的時間變遷和發展中找到自由的跡象，這是十九世紀思想家們所面臨的重要課題。

對於這一問題，有一種立場的回答是：「歷史認為，超越個人精神運作的『理性』是自發且積極參與的。」這一立場正是浪漫主義對歷史的理解，而黑格爾便是這種哲學的典型代表。這種思想試圖在歷史脈絡中尋找第一種意義上的自由，即推動整個歷史發展的並非人類個體的意志，而是人類理性這一偉大精神力量的積極作用。

這種在歷史中試圖發現理性自由作用的觀點，源自於伊曼努爾・康德（Immanuel Kant, 1724-

1804）的哲學。康德哲學試圖超越自然界的物理必然性，從另一個維度來理解實踐理性，尤其是智慧的運作。然而，康德之後的德意志唯心論思想家們認為，應在人類社會的現實中尋找理性的運作方式，而非在如睿智界般超脫現實的領域中探索。這些思想與德意志作為一個特殊民族國家的國族意識緊密相連，下文將進一步闡述這一點。

然而，德意志哲學在承認自由為理性核心作用的同時，其實不僅限於歷史與社會層面，還蘊含著更深遠的思想潛力。儘管這一點在一般的哲學史中較少受到重視，但我們可以從本冊後半部分所探討的奇特主題——數學理論的歷史深化中，略窺德意志唯心論所蘊含的思想意義。

另一方面，另一種觀點則認為，在歷史變革與發展中並不存在自發或積極的意志作用，一切都是在偶然的堆疊下，由各種毫無關聯的選擇所促成的結果。這種看法強調笛卡兒所提到的第二種自由，並將其應用於現象的時間推演，如同達爾文試圖透過自然選擇與適者生存的原則來解釋物種的變化與多樣性。根據這一觀點，歷史的演變並無任何理性的引導，而是無數偶然事件的累積結果。

應如何從歷史變化與發展的角度來理解自由？十九世紀的哲學史可以以此問題為主軸來加以梳理，並提供上述的兩種主要傾向。然而，答案並不僅止於此。從某種意義上來說，這個時代試圖超越傳統的意志自由與選擇自由，提出一種全新的第三種解釋。

第三種自由論

第三種解釋提出了一種有別於自發性自由與任意性自由的新型自由，這種自由是透過自我控制來實現的。然而，這裡的自我控制並非壓抑或限制欲望、調節情緒等消極方式，而是一種積極的自由，透過培養習慣來實現個全新的自我。即便許多行為在看似毫無關聯的自由下得以實現，但這些行為的累積是否會導致一種超越意志與選擇的心理傾向——即習慣？從統計角度看，隨機事件的積累，單獨來看似乎任意且無序，但在人類心理中，這些積累往往轉化為一種不固定卻具有實效的習慣傾向。在這種傾向中，我們或許能發現自由的全新意義：自由不僅來自選擇性與自發性，更透過習慣的形成而展現新的面貌，這一點迄今尚未得到太多關注。

十九世紀的哲學在傳統自由的兩個意義之外，找到了第三種自由的意涵。此外，這一觀點也引起了非西方世界的共鳴，包括那些試圖擺脫西方舊有思想框架的新興世界，以及剛剛覺醒並邁向現代的東方國家。以美國為例，在英國獨立後，新世界的美國不得不探索其自身的文化認同；而在外部壓力下被迫解除鎖國的日本等國家，則嘗試超越西方思想中固有的二元對立，追求新的可能性。十九世紀哲學提出的第三種自由觀，正具備回應這些追求的力量。

舉例來說，在體現新美國文化自我認同的實用主義哲學思潮中，深化這一超越舊有傳統自由觀的第三種自由概念，已成為一項重要課題。此外，日本的哲學思想在許多方面與美國的這一思想基礎產生了共鳴，特別是在從習慣養成的層次來探討人類自由的思想上，兩者之間的思想聯繫更加明顯。

因此，當我們以世界哲學史的視角來觀察十九世紀哲學的潮流時，將美國實用主義與東方近代思想中的「心之哲學」疊加到十九世紀西方提出的第三種自由觀上，似乎為展望世界哲學史提供了一條關鍵的線索。接下來，我們將從這個角度探討十九世紀世界新自由論的前景。

二、理性的浪漫主義

何謂浪漫主義

如同《世界哲學史》系列第六冊所闡述的那樣，啟蒙運動的核心在於依靠知識與科學，來摒棄舊習、拋除偏見，並擺脫蒙昧狀態。十八世紀西方世界的重大變革，如美國獨立戰爭與法國大革命，正是這種思想態度的社會化擴展，試圖在整個社會層面來加以重塑，並最大限度地釋放其作為政治思想的力量。

從結果來看，這股巨大的思想浪潮引發了如拿破崙戰爭般激烈的動盪，並波及到當時在歐洲文化中相對落後的德意志地區，促使其孕育出獨特的啟蒙思想。德意志的啟蒙運動在拿破崙戰爭期間得以發展，並催生了名為「浪漫主義」（Romanticism）的新思潮。這一思潮強調人類理性與自然情感的融合，這在同時期的法國與英國中是難以見到的。浪漫主義不僅僅在德意志與起，還成為十九世紀西方文學和藝術中的一股重要力量。

「浪漫主義」一詞主要用來強調文學與思想的特徵。其字面含義與古羅馬的習俗、制度和文化相關，因而帶有某種懷舊色彩，常被視為一種帶有保守、反現代主義思想傾向的文藝運動。然而，浪漫主義並非僅僅是對羅馬時代的回歸。其實，浪漫主義的定義更加狹隘，當古羅馬語言完成其古典風格後，呈現出更為通俗與粗俗的特徵，浪漫主義便承襲了這一大眾語言的風格。所謂的浪漫主義文學，是指沿襲吟遊詩人以通俗語言講述英雄冒險與宮廷愛情等波瀾壯闊敘事的風格。這類作品包括傳奇詩人奧西安（Ossian）讚頌蘇格蘭與愛爾蘭古代英雄的詩作，以及自十一世紀起在法國廣泛流傳的「宮廷愛情」詩歌，展現了騎士愛情的理想。

因此，小說或故事中所謂的「浪漫」通常指涉戀愛與冒險的壯闊情節，但在思想與文藝中的浪漫主義，其本質並非單純嚮往或逃避現實，而是沉浸於一個現實難以想像的冒險和激情的世界中。更為重要的是，浪漫主義反對古典主義，摒棄了古典主義所強調的平衡與和諧，並試圖深入充滿混亂與危險的情感體驗，追求一種更為深刻的內心激情與自由。

值得一提的是，十九世紀的浪漫主義運動發源於文化上相對後進的德意志，但在文學與繪畫領域中，它對整個西方世界都產生了深遠的影響。透過英國詩人威廉．華茲華斯（William Wordsworth）與山謬．泰勒．柯勒律治（Samuel Taylor Coleridge）[1]的思想，浪漫主義的精神甚至激勵了遠在美國的詩人。在哲學領域，其影響並不一定如此廣泛，反而在某些方面與英國和法國的思想發生了衝突。這裡所提到的哲學浪漫主義傾向，最典型的例子可以見於黑格爾的歷史哲學，他提出了一種以精神動態運動推動世界史發展的觀點。

浪漫主義與自然主義

在黑格爾的思想中，人類歷史被視為理性的精神生命力的展現。當理性遭遇各種困難時會被迫採取不同的形式，但最終仍透過實現其本性來完成自我實現。理性在這一過程中不斷破壞與重建，透過這種否定的繼承來確認並完善自身的本質，展現出以否定為媒介的目的論特徵。

法國與英國在經歷啟蒙思想的全盛期後，發展出孔德的社會學、邊沁的效益主義等經驗主義和具有自然主義傾向的思想，因此，浪漫主義的歷史觀在這兩國並未發揮太大影響。相反地，十九世紀英國出現了湯瑪斯．羅伯特．馬爾薩斯（Thomas Robert Malthus, 1766-1834）的人口論及達爾文的演化論，徹底剝奪了歷史發展與演化過程中的目的論特徵，一切僅遵循自然選擇與

1　譯註：威廉．華茲華斯是英國著名詩人，也是英國浪漫主義詩歌的奠基者之一。他與山謬．泰勒．柯勒律治共同出版《抒情歌謠集》（*Lyrical Ballads*），象徵著英國浪漫主義的開端。他們深受德意志浪漫主義的影響，尤其在席勒和歌德等人的作品中，吸取了對自然與人性深層聯繫的探索，其詩作反映浪漫主義對情感和直觀經驗的重視，並延續了自然與心靈和諧的思考。

適者生存的嚴格原理。若說黑格爾的歷史觀關注於理性的動態運動，那麼達爾文的演化論則從自然環境與物種之間相互關係的統計學視角，冷靜分析並觀察物種變化的發生機制。

因此，十九世紀的思想世界可以理解為浪漫主義傾向與自然主義傾向彼此對立的場域，但實際情況並不僅限於此。正如前述，十九世紀的思想發展最終轉向了一種試圖突破這兩者對立局限的全新思潮，為思想的進一步發展開啟了新的可能性。

在確認這一點之前，我們先詳細爬梳黑格爾關於浪漫主義歷史思想的議論。

黑格爾的歷史觀

在黑格爾的哲學體系中，理性被稱為「絕對精神」，其基本特徵在於自我認識。這種精神經歷了區別自我與他者的過程，最終回歸對自身使命的認知。之所以稱為「絕對精神」，是因為這種自我認識的運動，與作為絕對者的神之自我認識相通。我們以崇高的理念所進行的精神活動，往往與這種精神作用密切相關。尤其是歷史的進程，正是這一絕對精神「在時間中顯現」的過程，展現其自我認識的本質。例如，拿破崙對歐洲的解體與解放等歷史事件，揭示了以往社會在時間推移中的巨大斷裂，而這些事件的意義已超越拿破崙個人，體現了絕對精神的自我認識。

將精神與自然加以比較時，我們可以發現，自然世界是由無數法則支配的必然性世界，而精神世界的特徵在於擁有自由的本質。因此，精神的本質在於自由，歷史的發展便是「自由」理念在與各種障礙和對立抗爭中，不斷朝向完全自我實現的推進過程。從自由實現的程度來看，世界歷史經歷了四個階段：從最初的貧乏狀態，到自由的萌芽，再到部分實現，最終達到完全綻放。

第一個階段是自由概念尚未出現的時代，可以稱之為「歷史之前的時代」，大致相當於中國與印度的歷史。在這些東方國家中，只有皇帝擁有自由的主體地位，改朝換代的過程並未改變這一格局，僅僅產生「空」或「無」等消極的思想體系。

第二階段是埃及等中東世界的歷史時期，這一時期以象徵人類與野獸之間過渡的人面獅身史芬克斯（Sphinx）為特徵。而打破史芬克斯詛咒，宣告人類獨立的，正是第三階段的希臘文明。在這一階段，人類精神首次認識到自由的重要性，即便這種自由只是部分的，卻標誌著自由觀念的初步覺醒。

最後登場的是西方的「近代人」，他們認識到人類歷史的使命在於以自由的理念建構共同體。基督教日耳曼國家的建立見證了這一使命的全面實現，這也是第四階段的特徵。

黑格爾將世界的政治與思想史視為自由理念自我實現的運動，但這一運動的模式基本上是受目的論原理所支配。推動歷史進程的並非歷史起源時的某種動力，而是未來完成時將實現的目標，即作為「終局」（telos）的目的。這種歷史觀試圖從歷史的終點而非起點來理解歷史，顯然與基督教的末日思想——關注歷史的終結與完成有著重疊之處。

黑格爾的浪漫主義傾向

然而，黑格爾的歷史理論最突出的特點不僅在於其目的論的傾向和末日論的結構，還包括其浪漫主義的特徵。這裡所謂的浪漫主義，指的是浪漫主義文學中獨特的主題，描寫歷史上英雄的壯麗冒險與殞落。世界歷史中，自由的理性理念將個人與民族視為實現自我的手段，並伴隨著犧牲而形成的歷史。亞歷山大、凱撒、拿破崙等人，皆以個人最大的熱情，為了建立新的城市和帝國而投入鬥爭與破壞，但最終都在各自的戰鬥後衰落，遭命運拋棄，死於非命。他們為後世留下了豐功偉業，完成了自己在世界史中的使命。就結果而言，他們達到了世界理性自我實現的目的，卻最終迎來悲劇的結局。

在歷史中，理性是主角，所有登場人物僅僅是為實現理性目的而犧牲的道具。人類如同被理性本身利用的傀儡，卻毫無自覺。黑格爾將這些巧妙的理性手段稱為「理性的巧思」（the cunning of reason）。儘管每位英雄都可能非常賢明，並具備卓越的資質，但真正富有智慧、能洞察一切事物發展原理的，卻是理性本身。從絕對精神自我實現的角度來看，這種歷史理解可以視為世俗化的神之國度降臨的故事。相反地，從人類努力超越常人卻未獲回報、不可避免地被命運齒輪吞噬的角度看，它也可被視為歌頌英雄與騎士悲劇命運的浪漫主義思想結晶。

三、進化與淘汰

達爾文的演化論

儘管黑格爾的歷史觀有著悲劇的一面，但其背後仍伴隨著神之國度實現的樂觀末日論。另一方面，達爾文的演化論則是這一時代思想的代表，完全否定了目的論的結構，強調歷史發展的無目的性、偶然性與非決定性。達爾文的理論在十九世紀中葉於英國引起了廣泛關注。

一八五九年，達爾文在發表了其主要著作《物種起源》（*On the Origin of Species*）。顯而易見，他所構想的生物演化是隨著自然環境的變化而發生的，環境與物種之間建立起適應與淘汰的關係。在這一關係中，由於「適者生存原理」的作用，適應良好的個體更有能力留下後代並使其種族繁榮。促進物種多樣性的並非生物體內在的特性或生命力，而是各物種對環境的適應程度，這是一種相對的屬性。此外，適應的程度無法透過簡單的量化來呈現，而應理解為一種非決定論的偶然現象，涉及隨機分布的生物體特性與環境變化之間的統計相關性，以及該物種後代增減的趨勢。

由此可見，達爾文的演化論不僅徹底否定了目的論對歷史變化的詮釋，甚至也挑戰了決定論的自然觀。他也有意識地表明了這一特徵。達爾文深知他的自然觀將有助於打破自牛頓以來英國傳統的自然神學思維。他強調生物的演化並非基於「存在的連鎖」這一形而上學概念，即並非從下等生物演化為高等生物。顯然，他希望透過否定人類在物種中的優越性，對基督教的神創造世界的故事潑下一大盆冷水。

然而，他的適者生存與淘汰的關係，不僅僅與神學自然觀有關，更與人類社會階層的經濟發展模型深刻相連。儘管他深刻理解這一點，卻未能直言不諱。這是因為在他所處的時代，經濟發展模型參考了大衛・李嘉圖（David Ricardo, 1772-1823）和馬爾薩斯對資本主義的理論，而這些理論家所提倡的「政治經濟學」（political economy）已在人們心中留下了經濟學是一門「幽暗的科學」的印象。

經濟學的思想

不必多說，亞當・史密斯（Adam Smith, 1723-1790）的《國富論》使英國的經濟思想邁出了穩健的一步。史密斯的理論樂觀地描繪了新的財富生產方式，即透過勞動分工的發展來協調「私人利益」與「公共利益」。他認為，若自由經濟理論得以推動，整體經濟就不會出現矛盾。史密斯對經濟發展這種樂觀的理解，最具象徵意義的表達便是他所說的「看不見的手」比喻。他指出，從事經濟活動的人們可以根據自己的欲望與創意自由地追求利己目標，這是完全合理的。即便人們以自由放任的原則行事，整個社會也能像遵循「一隻看不見的手」的控制，演變為一個更加繁榮的整體。

史密斯將社會財富的增加比喻為「看不見的手」的預定協調作用，這隻手的持有者無疑讓人聯想到仁慈的基督教之神。然而，史密斯是否真的將基督教的神概念納入考量仍不明確。儘管如此，在資本主義經濟勃興的英國，無論其神學背景如何，這一思想無疑激發了人們對經濟光明未來的想像，並發揮了巨大的影響力。

另一方面，史密斯的經濟模型部分採用了勞動價值論，並認為經濟財富的源泉在於人們的勞動，但對於勞動與薪資在經濟財富循環模型中的影響卻沒有明確的分析。繼史密斯之後，李嘉圖進一步闡明了這一點，並完善了以勞動價值論為基礎的經濟循環模型。然而，在李嘉圖的理解中，若任其自然，社會並無法自然而然地累積財富並變得更加豐盈；相反地，根據收益遞減的法則，社會將會進入某種恆定狀態。他主張，若一個國家的經濟要持續發展，就必須有擴大與外國貿易的因素。

除了收穫遞減法則，李嘉圖還利用了薪資生存理論等作為這一經濟循環模型的基石。他的友人馬爾薩斯的《人口論》則催生了這一理論。根據馬爾薩斯的觀點，人口增長的速度快於維持人口所需物質的增長。人類食物的增長是等差的，而人口增長卻是指數型的，因此，人口的增長速度會受到飢餓的控制，而這種控制則在市場這個舞台上得以體現。勞動本身有其自然價格，足以讓勞動者維持生存。然而，勞動階級不會因為飢餓這一極限因素而隨意增加或減少人口，而是保持在一個恆定的狀態。

社會的發展絕不是如同仁慈的神所保證的那樣，是讓人可安心期待的事物。達爾文的演化論將這種陰鬱的社會理解擴展至整個生物界的生存與演化。最終，這一演化論以「社會演化論」的形式，產生了社會內部冷酷的生存法則。實際上，這一理論的提出者史賓塞並未將社會從統一到多樣性的演化視為命運的必然，而是認為多樣性發展是未來走向整合的重要契機，這是一種帶有黑格爾色彩的歷史觀。然而，社會演化論的概念卻獨立發展，演變為一種命運論。人們透過演化論所見的，並非科學帶來的嶄新勝利，而是人類可能衰落的陰暗未來。

四、第三條道路

對決定論自然觀的否定

然而，達爾文的思想帶來的影響並不完全是負面的。如前所述，他的演化論不僅否定了自亞里斯多德以來的目的論自然觀，也挑戰了自伽利略、牛頓以來的決定論自然觀。生物的生存與演化世界是一個由機率論和統計學主導的領域。這個世界並非像機械般受到物理定律的確切原則支配，而是一個極其複雜且多變的世界，由無數的變異與突變交織而成，並充滿偶然性。

此觀點根據偶然性的邏輯解釋自然，承認物理現象與生物演化中的不確定性和非理性。在哲學界，與史密斯同時代的休謨已在知識論領域率先提出這一觀點。而幾乎與休謨同時代的湯瑪斯・貝葉斯（Thomas Bayes, 1702-1761）等思想家也發展了關於統計方法的理論。因此，人們對自然界中非決定性和偶然性等特徵的興趣逐漸增強，這不僅促進了演化論的發展，也影響了電磁現象、光學現象等非決定論的研究。在孕育了達爾文的英國，同時也見證了詹姆斯・克拉克・馬克士威爾（James Clerk Maxwell, 1831-1979）等人發展的統計力學和電磁學，為十九世紀物理學的進展做出了重大貢獻。

演化論與統計力學等自然科學中的非決定性為探討「自由」問題提供了全新視角。在此之前，「自由」一直是哲學中爭論不休的議題。康德認為，自然世界受到物理法則的「自然的必然性」（編按：指自然界現象必遵循固定規律，而此規律是由人類理性透過先天認知框架所賦予）所支配，而由人類行為構建的道德世界則屬於獨立的自由領域，因為它受到自律意志的調節。然而，十九世紀自然科學的進展迫使康德的自然必然性觀點面臨挑戰。另一方面，康德也為自由在人類精神中的存在保留了空間，將其從限制欲求並遵守道德原則的「自律」，拓展為更具彈性、不確定性且開放的自我形成過程。

自我形成的自由

人類逐漸透過塑造自我性格，克服固有的天性，並以「習慣養成」的方式具體實現嶄新的自我。俗話說「習慣是人的第二天性」，習慣雖是後天養成的，但與本來的資質和性質同樣具有強大的作用，並發揮實質效果。因此，儘管習慣並非人類自我本來具備的天性，但人類仍然有能力賦予自己與原始本性相同的力量。在這個意義上，人們透過自我陶冶的努力可以改變自己的屬性，甚至創造出嶄新的自我。在此，我們是否應該再次審視人類自由的第三個意義呢？

這個運動試圖透過自我陶冶來養成習慣，在自我創造的可能性中尋找自由的第三個意義。它在法國催生了唯靈主義（spiritualisme）的傳統，而在美國則誕生了實用主義的思想家。

法國唯靈主義的鼻祖是梅曼．尚．比朗（Maine de Biran, 1766-1824），他出版的〈思維能力對習慣的影響〉（*Influence de l'habitude sur la faculté de penser*, 1803）提出了新人類論的可能性，有別於百科全書派、意識形態論者的唯物論傾向。尚．加斯帕．菲利克斯．拉維森—莫利安（Jean Gaspard Félix Ravaisson-Mollien, 1813-1900）繼承了此傳統，為了說明自然與精神為連續、統一且並非對立的關係，發表了《習慣論》（*De l'habitude*, 1837），該書聚焦於兩者共通的習慣特性。此思想與法國古典時代的蒙田（Montaigne, 1533-1592）、帕斯卡（Pascal, 1623-1662）的習慣論相關，同時也成為理解自然的新契機，如繼他之後布特魯（Émile Boutroux, 1845-1921）的《自然法則的偶然性》（*De la Contingence des Lois de la Nature*, 1874）中非決定論之形上學等。其後涂爾幹（Émile Durkheim, 1858-1917）的社會思想論探討透過社會分工以形成新道德的可能性。而九鬼周造（一八八八—一九四一）的偶然哲學，試圖在多種因果序列的交錯中找出命運交會之可能性，這些思想也都可說是拉維森和布特魯的延伸。

此外，以查爾斯・桑德斯・帕爾斯（Charles Sanders Peirce, 1839-1914）、威廉・詹姆斯（William James, 1842-1910）和約翰・杜威（John Dewey, 1859-1952）等人為代表的美國實用主義者，將習慣養成的獨特自我創造可能性置於其人類自由理論的核心。帕爾斯與拉維森相似，強調自然與精神在本體論上的連續性；而詹姆斯和杜威則透過重新思考「經驗」一詞的意義，指出經驗本身具有方向性與創造力。在休謨等人的英國經驗論中，每種經驗都被視為獨立、個別且單一的。然而，詹姆斯等人認為經驗是隨時間持續的，彼此之間存在有機的關聯，並且可以透過努力和智慧來進行變化和發展。

自由思想的世界擴展

我們不難想像，對於在十九世紀後半吸收這些自由論的東方思想家來說，這類討論絕非無關緊要或難以理解。相反地，對於那些幾乎沒有任何預備知識就被迫接受西方近代思想的東方人來說，早期的原子論經驗概念和瞬間意志的理解相結合的所謂西方近代人類行為模式，可能被視為一種陌生而異樣的理論。隨後出現的自我陶冶和自我形成的哲學，或許為他們與自身思想傳統的相互理解提供了對話的契機。

本書探討了印度宗教理解的轉變，以及日本等國對於「文明」的對抗與接納，這是東方世界對西方現代化浪潮的回應。第九章「近代印度的普遍思想」討論了自十八世紀末以來，印度在與帝國主義的英國交流中出現的印度式新唯靈主義，將「精神性」與「世俗主義」合二為一。這一觀點與美國的詹姆斯等人在宗教理解方面的創新產生了共鳴，並清晰地反映出美國實用主義中關於自我形成的人類論。

此外，在第十章「『文明』與近代日本」中，探討了引導人類思想向西歐式文明發展的問題，這也是福澤諭吉等明治時期思想家的目標。對福澤等人而言，人類精神並非黑格爾式的客觀精神，而是以個人主義為核心，由人類信念所構成的社會存在。然而，這種個人主義並不可能基於計算的知性或原子論式的人類形象。相反地，個人的精神傾向被期望演變為西方形式，應當透過「修身」的方式來律己，以達到自我演化。這樣的思想傾向，自然轉型為夏目漱石等人在黑格爾影響下的大正「教養派」。

無論如何，這種源於歐洲浪漫主義與自然主義對立的人類論，以習慣和自我形塑為核心，是十九世紀獨特的第三種自由理論。它超越了提倡者的臆想，並在全世界引發了共鳴，指出了這一時期哲學追求的深刻意義，為我們展示了世界哲學的另一種可能性，相當發人深省。

無論是對不同文化的對抗，還是希望從傳統的桎梏中解放，這個時代的所有哲學都尋求擺脫「舊制度」。無疑，這是一場爭取「自由」的社會運動，同時也是對自由意義的哲學探索。在對其意義的探究中，哲學獲得了超越以往理論的嶄新觀點。

延伸閱讀

查爾斯・泰勒（Charles Taylor），渡邊義雄譯，《黑格爾與近代社會》（*Hegel and Modern Society*，岩波書店，二〇〇〇年）——該書全面解說了黑格爾具有強烈系統性的思想，並從現代觀點將其分為有意義與無意義的面向。可讓人體會黑格爾對現代社會特有的敏銳掌握。

丹尼爾・丹尼特（Daniel C. Dennett），大崎博譯，《達爾文的危險思想：生命的意義與演化》（*Darwin's Dangerous Idea: Evolution and the Meanings of Life*，青土社，二〇〇〇年）——對達爾文革命性思想的大膽詮釋不僅在演化論的領域，更以現代的觀點將其作為一種自然論。他消除了自然的目的論，並將自然理解機械式的「演算法流程」。

稻垣良典，《習慣的哲學》（創文社，一九八一年）——作者是西方中世紀哲學的專家，他以多瑪斯・阿奎那的習慣（habitus）論為主軸，說明經驗認知與先驗認知之間的連續性，並闡明了這個立場已被帕爾斯、杜威等實用主義所繼承。

湯瑪斯・卡萊爾（Thomas Carlyle），石田憲次譯，《衣裳哲學》（*Sartor Resartus*，岩波文庫，一九四六年）——本著作以自傳的形式批評了英國工業革命時期的時代精神。對內村鑑三、新渡戶稻造等明治時期的知識分子帶來極大的影響。儘管書名非常奇特，但該書提及了隱藏在身體外衣裡的精神修養的重要性。

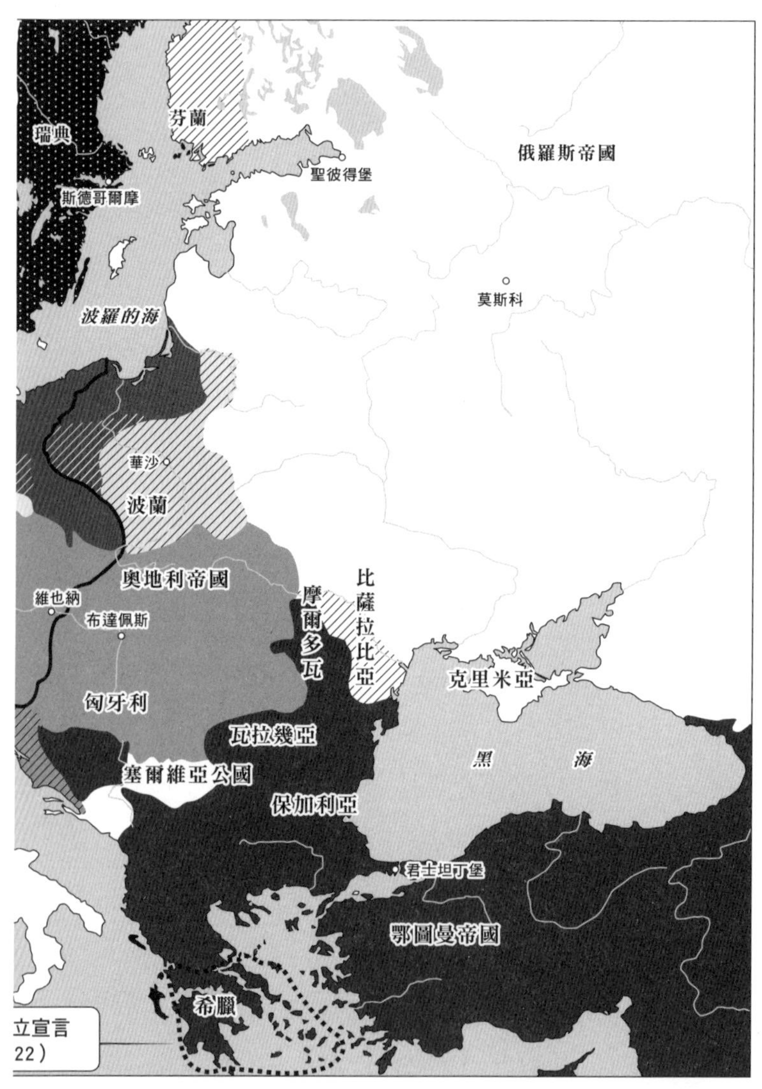

德意志邦聯 一八三〇年經列國承認的希臘領土

於維也納條約獲得的領土

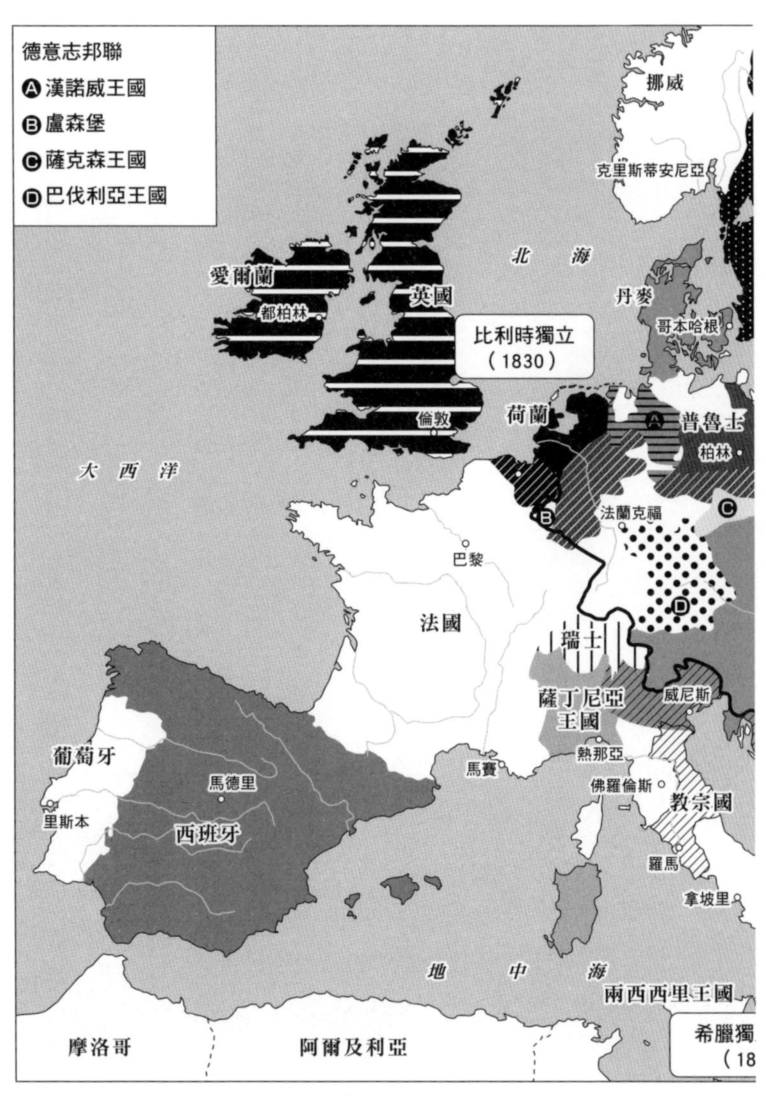

一八一五年維也納會議後的歐洲

CHAPTER

two

第二章

德意志的國族意識

中川明才

ドイツの国家意識

一、法國大革命與拿破崙

自由的哲學與德意志浪漫主義

十八世紀末，歐洲最重要的歷史事件無疑是法國大革命。到了十九世紀初，歐洲的重大事件則是拿破崙・波拿巴（Napoléon Bonaparte, 1769-1821）建立法蘭西帝國，及其隨後的瓦解。德意志地區的思想家與文學家在見證了這些重大歷史事件後，形成了德意志特有的思想反應。本章將概述這些反應的幾個面向。

「朕即國家」，這句話出自十七世紀法國絕對君權的象徵——路易十四。然而，當這個絕對主義（Absolutism）王朝在大革命中被推翻後，哲學反思的核心轉向了「自由」這一理念。革命後，歐洲各國的思想均圍繞此理念發展，而在德意志，最鮮明地展現其特色的，便是「德意志浪漫主義」運動。

德意志浪漫主義的代表人物，是諾瓦利斯（Novalis, 1772-1801）、路德維希・蒂克（Ludwig Tieck, 1773-1853）、施勒格爾兄弟（Schlegel Brothers）等文學家和思想家。他們與英國和法國的啟蒙思想家不同，發展出一種迂迴深遠的歷史意識，並在此基礎上將對古希臘世界的憧憬投射到未來的文化，展開了對自由哲學的探索。

他們共同的關鍵詞是「反諷」（德文：Ironie），這被視為這是一種純粹的哲學思維形式，與蘇格拉底的「反詰法」（Socratic method）[1]相通。然而，這種觀點並非完全基於對蘇格拉底「反詰法」的敬仰，更確切地說，是對德意志文化相較於英法啟蒙運動滯後的現實反思。他們主張，「反諷」透過悖論的形式否定了自我同一性的陳述，並試圖以此產生一種精神上的無序狀態，即自我創造與自我破壞的無限交錯。

從《阿頓瑙姆》到東方研究

德意志浪漫主義的重要堡壘是名為《阿頓瑙姆》（*Athenaeum*）的雜誌，由腓特烈·施勒格爾（Friedrich Schlegel, 1772-1829）與其兄奧古斯特·威廉·施勒格爾（August Wilhelm Schlegel, 1767-1845）在德勒斯登創刊。腓特烈在創刊號中寫道，當代最具影響力的潮流為「法國大革命、費希特的知識學，以及歌德的《威廉·邁斯特》[2]」，這些都體現了政治、哲學、文學中對「自由」理念的追求。對施勒格爾兄弟而言，領導狂飆突進運動（德文：Sturm und Drang）[3]的歌德和席勒是「前浪漫主義」的偉大先驅。

一七九八年八月，在雜誌創刊後，這個團體的核心成員在德勒斯登齊聚一堂，他們選擇拉斐爾的《西斯廷聖母》作為表現他們美學理念的象徵。當時準備以編制外教授身分前往耶拿大學任教的腓特烈·威廉·約瑟夫·馮·謝林（Friedrich Wilhelm Joseph von Schelling, 1775-1854）也參加了這次集會。正是在這次集會上，謝林與奧古斯特·威廉·施勒格爾的妻子卡羅琳墜入情網。

諾瓦利斯是此運動的中心人物之一，他的筆名意為「新土地的開拓者」，本名為格奧爾格・菲利普・腓特烈・馮・哈登貝格（Georg Philipp Friedrich von Hardenberg, 1772-1801）。他在這份刊物的創刊號中發表了名為「花粉」的選集，並宣稱這是他與腓特烈・施勒格爾「共同哲學」的結晶，並提出了「詩歌」、「幻想」、「幽默」、「妙語」等關鍵詞，展現了此思想運動所重視的方法論。他還構思了一部名為《藍花》的詩歌童話，試圖取代歌德的散文傑作《威廉・邁斯特的學徒歲月》。這部童話藉由主角海因里希夢中的「藍花」來闡釋象徵意義，旨在恢復近代西方社會所忽視的人與自然之根源一體性。

■

1 譯註：「蘇格拉底反詰法」是一種質問式的辯證法，常用於檢驗道德觀念。由柏拉圖在蘇格拉底對話中首次描述，其核心透過不斷提問，引導對話者揭示矛盾並承認無知。具體方法包括諷刺、催生（啟發學生自我思考）及歸納和定義，幫助學生逐步掌握概念。

2 譯註：《威廉・邁斯特》（*Wilhelm Meister*）是著名德意志作家歌德的經典著作，分為《威廉・邁斯特的學徒歲月》和《威廉・邁斯特的漫遊歲月》兩部分。這部小說是德意志成長小說（Bildungsroman）的代表作，講述了主人公威廉・邁斯特離開家庭，追求戲劇事業並在過程中探索自我與世界的故事。小說深刻討論了個人成長與社會現實的互動，呈了歌德對德意志浪漫主義與狂飆突進運動的反思。

3 譯註：「狂飆突進運動」是十八世紀德意志地區的文學與藝術運動，興起於一七六〇至八〇年代，強調個人情感和自由的表達，反對啟蒙運動的理性主義，代表作家包括歌德和席勒。該運動提倡個性解放，崇尚自然，對後來的浪漫主義影響深遠。

與此同時，腓特烈・施勒格爾作為雜誌《阿頓瑙姆》的主筆，直到一八〇〇年雜誌第六期（也是最後一期）為止，致力於以此平台完善「浪漫詩歌」與「浪漫反諷」的概念，並發表了自傳式戀愛小說《露辛德》（*Lucinde*）。在這部作品中，「浪漫之愛」一詞被用來描述戀愛超越社會習俗的崇高性。他逐漸脫離了約翰・戈特利布・費希特（Johann Gottlieb Fichte, 1762-1814）早期的「自我」哲學，轉而傾向於將「自然」視為完全統一的史賓諾莎哲學觀點。

隨著《阿頓瑙姆》的終刊，腓特烈・施勒格爾離開德意志，前往巴黎學習梵語。自此，他與兄長一同深入探索印度等東方世界的神話領域。他發表的論文《關於印度人的語言與智慧》，標誌著歐洲哲學思想首次轉向東方學研究的決定性一步。隨後，歐洲的東方學迅速發展，並成為本世紀西方批判哲學的重要推動力之一，例如印度思想對叔本華哲學的影響，及其延伸至尼采的《查拉圖斯特拉如是說》等思想體系。

拿破崙與哲學

就在施勒格爾兄弟告別浪漫主義，投身巴黎進行東方研究的嶄新思想探索之時，法國的政治舞台也正經歷著從大革命後期的恐怖統治過渡到拿破崙獨裁統治的重大變革。

拿破崙出生於科西嘉島，該島在法國大革命前不久成為法國領土。他曾就讀於陸軍士官學校，成為軍人，並在革命軍中迅速崛起，展現了卓越的軍事才能。一七九九年十一月，他透過霧月政變結束了大革命末期的混亂局面，成為法國的第一執政，建立了執政政府。一八〇四年，他以「法國人的皇帝」為名加冕稱帝。拿破崙一方面繼承革命理念，承認私人所有權並頒布《拿破崙法典》，另一方面也恢復貴族制度，與羅馬教皇和解，並實行軍事獨裁統治。

拿破崙透過戰爭解決了國內外各種勢力的問題，並憑藉多次勝利和聯姻，將除英國、俄國和鄂圖曼帝國之外的大部分歐洲地區納入法蘭西帝國的統治。然而，莫斯科戰役的失敗成為他的轉折點，隨後在與第六次反法聯盟的戰爭中再次戰敗，最終被流放至英國領土的聖赫勒拿島，結束了他五十一年的生命。

綜上所述，拿破崙從根本上是一位具有軍事背景的革命將軍，最終登上了法國皇帝的獨特地位。然而，由於他推動國家獨立的主張，反而加速了各國的獨立趨勢，最終導致自身的垮台，這使他的人生充滿了曲折與諷刺。正因其榮耀與衰落的戲劇性經歷，引發了德意志哲學家的濃厚興趣，對這位歷史人物產生了兩極化的反應。在此情境下，拿破崙與哲學的關係可能部分源自他自身所具備的哲學傾向，而非純粹的偶然。

這是因為，拿破崙從陸軍士官學校畢業成為砲兵少尉時，就對柏拉圖的《理想國》、盧梭及康德的政治哲學展現出濃厚的興趣。而在他加冕為皇帝後，對當時法國哲學界的代表性理論家展開批判，並對自然科學的世界觀提出尖銳的質疑。

當時哲學界的主流思想是基於艾蒂安・博諾・德・孔狄亞克（Étienne Bonnot de Condillac, 1714-

1780）的感覺論，以及皮埃爾・尚・喬治・卡巴尼斯（Pierre Jean Georges Cabanis, 1757-1808）和安托萬・路易・克勞德・德斯蒂・德・特拉西（Antoine Louis Claude Destutt de Tracy, 1754-1836）等人提出的「觀念學」（意識形態）。然而，拿破崙批評這種基於觀察人類認知的分析方法，並認為其在實踐哲學上毫無價值，於是下令關閉他們的堡壘——法蘭西學術院的人文學院。

此外，拿破崙質疑當時最偉大的科學家之一皮耶—西蒙・拉普拉斯（Pierre-Simon Laplace, 1749-1827）所提出的決定論自然觀——認為所有自然現象的每個細節早已被永久決定。他問道：「形上學原理中的神是什麼樣的呢？」拉普拉斯回應：「先生，現在已經不需要神了。」這段對話在歷史上極為著名，並成為後來「拉普拉斯的惡魔」比喻的由來。

黑格爾與費希特

由此可見，拿破崙與哲學之間有著密切的關聯。眾所周知，拿破崙的存在對德意志思想界，特別是後康德時期的哲學家，如黑格爾與費希特，產生了深遠影響。一八〇六年十月，黑格爾目睹法軍占領耶拿，並在寫給友人尼特哈默的信中說道：「我看到了皇帝——這位騎馬上街視察的世界之魂。」當他得知拿破崙垮台的消息時，他再次寫信給友人說：「見證一位偉大的天才自我毀滅，真是令人震驚的經歷。」

此我們可以知道拿破崙與哲學有密切的關係。眾所周知，拿破崙的存在對於德意志思想界的後康德時代的哲學家帶來了極大的影響，如格奧爾格・威廉・腓特烈・黑格爾（Georg Wilhelm Friedrich Hegel, 1770-1831）和約翰・戈特利布・費希特（Johann Gottlieb Fichte, 1762-1814）。一八〇六年十月，黑格爾目睹法軍占領耶拿，他在給友人尼特哈默爾的信中寫道：「我見到了皇帝——即世界精神——從容地騎馬出城巡視。」而當他得知拿破崙垮台的消息時，他又寫信給同一位友人說道：「看到一位偉大天才的自我毀滅，真是驚人的經驗。」

相對而言，曾積極讚美法國大革命時代意義的費希特，在拿破崙崛起後卻明確表達了反法立場。一八〇六年，拿破崙的軍隊進攻德意志並占領柏林，費希特隨即從暫居的柯尼斯堡返回柏林，並於一八〇七年底至次年發表了《告德意志同胞書》的公開演講。

《告德意志同胞書》的對象不僅限於德意志地區，它更促使全歐洲各國人民對道德墮落的反思。同時，該演講強調了在德意志培養愛國情懷的重要性，並將其視為最重要的教育課題。該書於一八〇八年出版後，激發了包括德意志在內的歐洲各國的獨立精神。演講中的關鍵詞是「國民」（Nation），而這一概念的廣泛認同無疑來自法國大革命的《人權宣言》。宣言第三條明確指出：「主權的根源在於國民。」費希特在一七九三至九四年發表的《糾正公眾對於法國大革命的評論》（簡稱《法國大革命論》）闡述了革命的本質在於國民為國家主權的核心思想。《告德意志同胞書》正是此思想的延續，訴求國民國家的形成。

本章將聚焦於費希特與《法國大革命論》同時期發表的政治思想文本，旨在釐清當時德意志國族意識所依據的哲學思想內容。然而，在此之前，需先介紹費希特之前的伊曼努爾・康德（Immanuel Kant, 1724-1804）的政治思想，並深入探討當時哲學界對法國大革命的回應。費希特認為其哲學使命在於「從康德開始，並超越康德」，這一理念也貫穿於他對政治哲學的思索與實踐中。

二、康德與法國大革命

拒絕革命

眾所周知，康德在《純粹理性批判》中試圖透過哲學反思來轉變思維方式，他將這一過程比喻為自己的一場「革命」，類比於哥白尼在天文學上的轉向。然而，對於社會和歷史上的重大革命事件，康德的態度相對消極，這與其在德國的思想繼承者形成了鮮明對比。

一七八九年七月法國大革命爆發後不久，康德便向公眾明確表達了自己的立場。關於國家的形態，尤其是君主制的利弊，康德與費希特的觀點相異，但這與他們以不同方式吸收啟蒙思想密切相關。接下來將詳細探討這一部分。

康德在一七九五年出版的《永久和平論》中，明確表達了他對革命這一政治和歷史事件的看法。他認為國家在改變統治形態時，應優先採取改革，而非革命。關於革命的權利，霍布斯與洛克等英國哲學家在經歷了「清教徒革命」與「光榮革命」後，對革命權的態度十分消極，甚至否定革命的正當性，因為革命的暴力性常會導致無政府狀態。康德的觀點與這些前輩相似，認為革命會造成一段統治的真空期，帶來無政府的混亂，因此應避免革命，改革才是應當選擇的方式。

在康德否定革命的傾向中，尤為顯著的是他將對革命權的否定與對君主制的認可相聯繫。在《永久和平論》中，康德認為君主制是可以接受的，因為與其他政體相比，君主制更接近理想中的政體——共和制，而此時的比較對象是民主制。康德認為，民主制比君主制更難轉變為共和制，反而更可能走向專制。此處的共和制（res publica）是與「公共」（polis）相關的國家概念，正如羅馬時代的西塞羅所言，共和制源於人類固有的社會本性，為追求共同利益的人們提供了必要條件。

為了理解康德提出的「接近共和制」這一比較，必須先了解他對國家形態的區分，即「支配的型態」與「統治的型態」。所謂「支配的型態」是指擁有最高國家權力者的不同，依據掌握支配權的人數，國家可以分為君主制、貴族制和民眾制。而「統治的型態」則是指國家如何在超越個人特殊意志的憲法基礎上行使絕對權力，這其中包括共和制和專制。

前者（支配的型態）僅涉及支配權歸屬的問題，而後者（統治的型態）則關注如何行使支配權，特別是行政權（執政權）與立法權的分離與否，是判別共和制與專制的關鍵標準。民眾制之所以被視為非共和政體並遭到反對，是因為在民眾制中，行政權以全體意志的名義行使，有時會在未經個人同意的情況下做出決策。康德認為，這種政體自相矛盾，否定了基於每個人同意而成立的「公共意志」。

因此，若再看君主制，它更接近共和制，但還需要一個補充條件，那就是代議制。康德之所以強調代議制，是因為若代表者人數過多，代表性將難以確保。康德認為，沒有代表權的共和制是不完整的，因此他提出了共和制的必要條件，即無論代表者是單獨一人還是多人，都必須具備「代表者應具備的特質」。也就是說，問題不在於執行國家權力者的人數多少，而在於執行者是否稱職、是否為「好的執行者」。

原初契約與共和制

因此，康德拒絕了革命，取而代之的是改革，這一改革旨在排斥專制，追求共和制的建立。為了確立共和制這一國家形態的基本理念，康德援引了「社會契約」的思想。社會契約的思想可追溯至霍布斯時代，康德認為它是一種許多人為組成社會而結合的程序，國家（即「公民社會」）的建立正是基於這一「公民合一的契約」。關於這一點，康德在《永久和平論》之前發表的〈論俗語所謂：這在理論上可能是正確的，但不切於實際〉（一七九三年）論文，以及他晚年的著作《道德底形上學》（一七九七年）中的論述，都具有重要的參考價值。

為了釐清康德的國族意識，我們有必要探討「原初契約」，這被視為他追求共和制理念的基礎。他將原初契約定義為「民眾自行組成國家的行為」。契約的概念自霍布斯以來便成為政治哲學中的核心思想，不僅是統治者與臣民關係的定義，也反映了現實情況。就統治者與臣民的關係而言，這種關係一旦確立，便無法改變或逆轉。

基於此理解，康德認為原初契約的理念與共和制之前存在以下的關聯。

> 第一，社會成員（身為**人類**）的自由原則。第二，所有成員（身為**臣民**）服從唯一且共同立法的原則。第三，所有的成員（身為**國民**）平等的法則。基於以上三點設立的體制——這是源自原初契約之理念而生的唯一體制，民族之一切合法的立法皆必須以其為基礎，而此體制就是**共和**。（《永久和平論》，宇都宮芳明譯，岩波文庫，第二九頁）

在此明確指出，促成共和制的因素除了「法律自由」，還有「原初契約」的理念。所謂法律自由是一種外在的自由，與透過理性自我立法所體現的內在自由有所區別。這種自由使人們能夠遵循自己認同的法律，並與服從法律及法律面前人人平等的原則並列，構成了共和制的基礎。然而，對康德而言，原初契約僅是一種理念，而非歷史中的實際事實。因此，它應該僅具備實踐的現實性，也就是只有透過實踐才能實現的。

三、費希特的政治哲學

康德批判與革命權

正如前述，康德的《永久和平論》於一七九五年出版。費希特在一七九六年至一七九七年發表的《以知識學為原則的自然法權基礎》中闡明了他的政治哲學，並在一七九八年出版的《倫理學系統》中詳細探討了他的道德哲學。如同前述所提及，弗里德里希．施勒格爾在《阿頓瑙姆》的創刊號中指出，若要為他們所處時代賦予特徵，最大的潮流是「法國革命、費希特的知識學和歌德的《威廉．邁斯特》」，這句話同樣出自一七九八年。由此可見，時代在此時迅速地從康德轉向費希特。然而，嚴格來說，費希特對康德的批判早在幾年前就已經開始。

眾所周知地，康德在論文〈答「何謂啟蒙？」之問題〉（一七八四年）的開頭，將啟蒙定義為人類脫離未成年狀態的自我責任。然而，根據康德的啟蒙概念，儘管「啟蒙君主」能夠引導人民脫離未成年狀態並鼓勵他們「運用自己的理性」，但如果「啟蒙君主」將人民視為「臣民」，並在君主與臣民的主從關係中實行所謂的「自律」，那麼「啟蒙君主」的概念便顯得自相矛盾。年輕的費希特受到康德哲學的啟發，並試圖依循自由理念建立一套哲學體系。在他看來，啟蒙君主或君主的存在本身就與自由的理念相悖。

費希特因一七九二年匿名發表的著作《對一切啟示的批判》，被誤認為是人們期盼已久的康德之宗教論述，從而迅速贏得了學術界的聲譽。一七九四年，他受邀成為耶拿大學的教授，接替當時致力於推廣康德哲學的卡爾．萊昂哈德．萊茵赫德（Karl Leonhard Reinhold, 1758-1823）。當時的耶拿大學，是「康德學派」的發源地。在前往耶拿大學之前，費希特為了繼承康德的思想，深入思考哲學原理，同時撰寫了多篇關於政治哲學的論文。

在一七九三年及隔年匿名發表的〈糾正公眾對於法國大革命的評論〉中，費希特試圖證明革命權是人類與生俱來的權利，同時提及康德及一般大眾對革命的消極態度。這篇論文僅發表了原計畫的前半部分，後續內容並未完成，但費希特在前半段中已充分表達其主旨，即革命的權利是基於人類道德本性的正當權利。

理性控制感性

費希特認為，革命權及其他權利的基礎在於「道德法則」。道德法則揭示了人類的真正本質。我們在現象世界中呈現出多種樣貌，並不斷變化，但所有人類都被賦予理性。理性本身是人類永恆不變的真正樣貌，正如道德法則充當著「良知」或「內在的法官」，對於所有人類而言，它要求人們遵循「自我根本的形式」——即與「真我」保持一致，這正是所有人的共同特徵。

雖然權利扎根於內心的道德法則，但與義務有所不同。義務是來自道德法則的直接命令和禁止，而權利則不受這些命令和禁止的約束，換句話說，權利屬於被允許的範疇。人類作為理性的存在者，直接受到道德法則的支配。然而，在道德法則未直接觸及的領域中，人類被允許進行那些道德法則未予以禁止的行為，而這些被允許的行為便被視為權利。革命與建國所需的契約相似，都是一種受允許的行為，而是否實施則取決於個人的自由意志。

然而，即便人類擁有革命權，問題在於國家體制一旦透過契約建立後，是否仍然可以由人民的自由意志予以廢止？此外，人類是否能根據不同的情況締結或撕毀設立國家的契約？這裡所出現的問題，涉及到人類的自由意志與理性所體現的道德法則之間的一致性，以及相關行為的道德性。

對於這一問題，費希特的回答是，正是透過「文化」，人類的自由意志與理性的道德法則才能達成一致。在《法國大革命論》中，文化被理解為理性與感性之間應有的關係。人類既是理性又是感性的存在者，而理性與感性經常處於鬥爭之中。在這場鬥爭中，存在著「贏得自由或淪為奴隸的漫長而恐怖的決鬥」。理性必須「控制」並「鍛鍊」感性，只有這樣，理性才能在這場決鬥中取得勝利。

理性對感性的統治，意味著理性賦予感性以目的，而非感性賦予理性以目的。否則，人類的自我將陷入與自身的不一致，最終失去自我。因此，理性對感性的統治是理性擺脫感性束縛、實現人類自我解放的第一步。然而，為了確保理性的勝利，理性還需要進一步鍛鍊感性。

理性對感性的鍛鍊，指的是將不直接隸屬於理性的事物與感性建立關聯，並透過感性將其調整為適合理性運作的狀態。這種理性對感性的統治與鍛鍊被稱為「以自由為目標的文化」，被視為理性與感性的存在者實現自我一致、確立自由的唯一途徑。

走向自我的解放

費費希特這種理性至上的思維源於對自我的深切關注。與《法國大革命論》同一時期，費希特更加系統地反思康德的批判哲學，並在「自我」這一概念中尋求貫穿理論哲學與實踐哲學的原則。他還試圖構建一個名為「知識學」（Wissenschaftslehre）的研究體系，以囊括人類的所有精神活動。

在這裡，我們需要注意的是，費希特所使用的「知識學」這一名稱，體現了他對知識和學問的根本性與系統性的理解，將其視為一種包含原理與應用的認識活動。作為「知識學」的哲學原理，費希特所採用的概念是「自我」。他所說的自我，指的是每位理性存在者在表達「我是……」時所指的第一人稱的「我」。

然而，這並非是我們個別的「我」，而是應該稱為各個「我」的共同總稱。它既不是我們眼前所見的物質，也不是僅僅可以思考的觀念。舉例來說，透過「書寫文字」這一行為，「書寫文字的人」與「被寫下的文字」——這些集中於主觀與客觀關係的一系列事物，作為「存在」而被意識到。費希特認為，這種作為原因的行為本身，即「意識並活動的我」與「被意識並存在的我」，是無法分離的，而是緊密結合在一起的。這是每個人只能直接意識到的事物，因此費希特將其稱為「自我」。

「自我」這一原理不僅是所有知識的基礎，也被視為實踐的基礎，與作為第一哲學[4]的知識學一樣，皆屬於「應用哲學」的範疇。在耶拿大學擔任教授期間，費希特為參加講座的學生準備的教材集結成冊，並以《全部知識學的基礎》（一七九四—一七九五）為名發行。同時，他還撰寫了關於法律和道德的應用哲學著作，這些著作基於「知識學各原理」的思想。其中包括之前提及的《以知識學為原則的自然法權基礎》和《倫理學系統》。透過這些作品，費希特展示了他已超越康德對革命的消極態度，並探討了作為理性存在的人類如何遵循自我原理以獲得實踐所需的基礎，最終朝向一個更大的主題——自我的解放邁進。

在這些作品中，費希特認為，實踐所需的基礎是法律與道德。法律為自由理性的存在者在相互認知的基礎上，提供了協商所需的共同性基礎；而道德則為每位理性的人在社會中自由調整自我所需的基礎。法律與道德不再僅僅是康德所提及的單純區別，而應被視為彼此成對的概念。在這種法律與道德之間的互補關係框架下，構思出一種國家制度，正如《法國大革命論》中所述，它不干涉個人自由，並促進每個人的自律。

自由存在者彼此的互相承認

在討論法律與道德的應用哲學時，遵循自我原理這一點與第一哲學相似，但其不同之處在於，自我一詞不僅指一般總稱的「我」，還指具體的個體「這個我」。在自我原理中，自我行為及其產出是不可分割且可以一同掌握的。在實際行為的情境中，對於「我就是我」的直接意識使人意識到它們的不同。舉例來說，「書寫文字」的行為可以區分為「書寫文字的人」與「被書寫的文字」。同時，自我也向非自我的「世界」敞開，自我原理同樣適用於其與世界的關係。在這種情況下，基於自我原理的法律關聯到透過「被書寫的文字」與「書寫文字的人」展開交涉的對象，即「他我」。

費希特透過個我與他我等概念的引入，試圖讓自我從世界中解放出來。對我們而言，世界是非自我的經驗之物，它將自我分解為多樣的事物，並將自我束縛在其關係之中。自我透過既是世界一部分又被自我原理滲透的生命之間的相互協商來實現解放。簡而言之，就是用他人的約束取代世界的約束，為個人自由留下空間。在這個過程中，他者可以被假設為「理性的」A，A將眼前的存在者B視為自由者，並允許他在此意義上自由作為。

4　譯註：「第一哲學」指對存在、知識和真理的根本探討，此術語源於亞里士多德的形而上學。

理性他者A的作用便是所謂的「促使」。這不僅是一種認知行為，意即「承認」存在者B是自由的，同時也要求B將A視為自由者。雖然這種要求為每個人確保了自己的自由空間，但若不回應他者的要求，就會被視為沒有「人格」的「物品」，並立即失去自由。任何想要獲得自由的人都將陷入這種無法擺脫的束縛之中。透過這種促使，理性存在者之間的相互認知（即「相互承認」）關係被視為「法律關係」，同時也被認為是國家體制的雛形。

自由存在者之間的相互關係以彼此皆具理性為前提。如果有人置身於完全無法律的狀態下，他們的自由將不斷受到敵對者的威脅，反而會陷入不自由的境地。然而，那些處於法律關係中的人則不同，他們在一定範圍內確保了自己的自由領域。即便如此，自由仍然受到限制，外在的束縛如法律制度等不可完全消除。最終，解消這些束縛的企圖來自有限的理性存在者自身道德意識的確立。

道德性的原理

若一個人隸屬於一個具法律秩序的國家體制，並且認同並遵守法律，如同擁有理性的人會回應他者的促使，他可能被視為一個「好國民」。然而，這並不意味著他在道德意義上也是一個「好人」。對於費希特而言，這種情況違反了自我原理，需要更進一步的理性推演。就像「臣民」在開明的「君主」——即監護人的引導下，雖然置身於一定的紀律約束之中，仍然處於支配與服從的關係，並且尚在啟蒙的過程中。

在此，費希特提出了「道德性的原理」。這一原理強調每個人類內在的道德意識，並要求每個人對道德問題展開自我思索。在這個過程中，試金石在於一個人的自我是否符合自由的理念。換言之，這是指一個人的自我是否具有自主性，不受外在事物所立定的法律約束，而是遵循自己所立法的法律約束。

費希特試圖透過每個人的自我與自由理念的一致性來實現自我解放，這正是在道德性原理下的追求。同時，針對國家概念，費希特提出了一個重要的見解：在一個所有人都能遵從道德性原理並保持自主的國家中，任何強制人們自主的國家體制都將會消失。真正的國家應是能讓每個人接近人類共同目標的地方，而這個目標即是啟蒙運動，也是自由與自主的崛起。費希特繼承了康德的啟蒙思想，並試圖超越其理論，從而得出了這一結論。

延伸閱讀

安德烈・馬樂侯（André Malraux），小宮正弘譯，《拿破崙自傳》（*The Memoirs of Napoleon*，朝日新聞社，二〇〇四年）——馬樂侯從拿破崙遺留的大量著作，如日記、書信、布告中精選的內容，揭示了他精彩的一生。

宇都宮芳明《康德的啟蒙精神》（岩波書店，二〇〇六年）——透過闡明康德如何理解啟蒙，本書概述了康德哲學的略圖，包括啟蒙的精神，並引出了「永久和平」的思想。

沃爾夫岡・凱爾斯汀（Wolfgang Kersting），舟場保之、寺田俊郎監譯，《自由的秩序：康德的法律及國家哲學》（*The Order of Freedom: Kant's Philosophy of Law and State*，Minerva書房，二〇一三年）——如原題「秩序井然的自由」所示，本書告訴我們康德的法律哲學、國家哲學不比其理論哲學、倫理學遜色，皆體現了其「自主」的思想。

君特・佐勒（Günther Zöller），中川明才譯，《閱讀費希特》（*Reading Fichte*，晃洋書房，二〇一四年）——透過「從康德閱讀費希特」的系統性和歷史性發展，以及對「自由」的政治思索的透徹性，出色地描繪了費希特哲學的全貌。此外關於費希特「共和國」構想的最近作品則有熊谷英人，《費希特：「二十二世紀」的共和國》（岩波書店，二〇一九年）。

加藤尚武、瀧口清榮編，《黑格爾的國家論》（理想社，二〇〇六年）——本論文集統整了日本迄今為止關於黑格爾國家論研究的成果。關於黑格爾對康德與費希特的法律論之批判，加藤尚武所著的論文尤其具有啟發性。

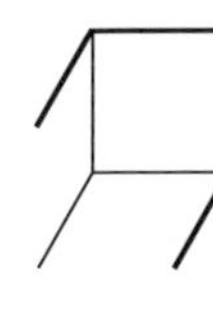

專欄一

從康德到黑格爾　大河內泰樹

《從康德到黑格爾》是理查德．克隆納（Richard Kroner）在一九一二年至一九一四年間出版的一部著作的書名。他在此著作中對德意志唯心論的描述，長久以來被視為非常標準的理解。相對地，迪特．亨利希（Dieter Henrich）在二〇〇三年以英文出版的著作同樣以德意志唯心論為主，而其書名則是《在康德與黑格爾之間》。這兩本著作的書名乍看之下非常相似，但「從……到……」與「在……之間」，這兩者對德意志唯心論的理解卻有很大的不同。

其中克隆納的「從康德到黑格爾」，其想定的是一種單線的進步。若以此觀點來看，哲學史從康德開始，經過雅各比、萊因霍爾德、邁蒙、費希特、謝林，最後到黑格爾，就像爬樓梯一樣，是一個一步步抵達完美的過程。這種哲學史觀本身是以黑格爾的《哲學史講演錄》為基礎的，但直到最近，人們對於德意志唯心論的理解仍侷限於這種簡單化的理解。

另一方面，亨利希在「在康德與黑格爾之間」所看到的「之間」，並非進步，而是各種卓越體系的嘗試、相互影響與彼此抗衡。此外，亨利希更挖掘當時相對不為人知的哲學家文本，對一年至五年不等的短期哲學發展狀況展開分析，並以大量文本為基礎開創了「組構

（Konstellation）研究」的方法。德意志唯心論之所以在康德與黑格爾之間形成，並不僅僅是因為上述幾位主要哲學家的貢獻而已。

亨利希之著作，是以他一九七〇年代在美國講課的內容為基礎，可以說在克隆納的著作問世五十年後，亨利希正是那個迫使德意志唯心論史觀轉向的人。而此觀點在五十年後的現在已經很普遍。但若考量到後期謝林的重要性，「在康德與黑格爾之間」似乎結束在黑格爾的這般固定思維，在今日的研究水準上也並非沒有問題。最近甚至有學者認為「德意志唯心論」的名稱不適當，提案稱之為「德意志古典哲學」。但無論如何，我們已經無法再用克隆納「從康德到黑格爾」的固定觀點看待德意志哲學，因為那是哲學史上獨特的時期，當時在德意志地區有許多非凡的哲學家深入了思考的叢林並彼此較量，產出了大量的文本，而這些文本至今仍需要我們去研究。

CHAPTER

three

第三章
西方的批判哲學　竹內綱史

西洋批判の哲学

一、西方哲學的轉捩點

哲學的認同危機

一八三一年，黑格爾逝世，這被視為西方哲學史上的重要轉折點。在工業革命的推進與政治動盪的背景下，黑格爾的離世象徵著「哲學時代」的結束，並揭開了「科學時代」的序幕。哲學曾經承接了宗教的王冠，肩負著最終解決一切問題的使命，而黑格爾哲學正是這一使命的完成。然而，如今哲學已喪失其特殊地位，科學能更精確地應對並解決各種問題，導致哲學陷入認同危機（赫伯特・施奈德爾巴赫，《德意志哲學史：一八三一―一九三三年》，舟山俊明等譯，法政大學出版局，二〇〇九年），這種情況延續至今。對於哲學家乃至哲學研究者而言，什麼是哲學已不再是理所當然的問題。哲學能解答哪些只有哲學才能處理的問題？簡而言之，「何謂哲學」本身已成為一個哲學問題。然而，這並非令人遺憾的事，因為我們可以反思「何謂哲學」，並構思一部全新的「哲學史」。「世界哲學史」正是從非西方視角，繼續這一嘗試的作品之一。

本章的主角是亞瑟・叔本華（Arthur Schopenhauer, 1788-1860）。他在三十歲時便出版了其主要著作《作為意志和表象的世界》（一八一九年）。當時，黑格爾仍在柏林主導哲學界，「哲學時代」正處於最後的輝煌。有一段著名的逸事：叔本華在出版這部著作後，為了與黑格爾一較高下，便在柏林大學與黑格爾同時段開課。然而，黑格爾的課堂座無虛席，而叔本華的課卻門可羅雀，只吸引了寥寥幾名學生。當時，叔本華的著作幾乎未受到關注，他也因此撰寫了大量（或許出於嫉妒）批評黑格爾及其學派的文章。

然而，一八六〇年當叔本華結束其七十二年的人生時，他已成為時代的寵兒。自一八五〇年代起，他的著作突然開始暢銷，晚年更是名聲大噪，甚至連他散步時跌倒的消息都會登上報紙。十九世紀下半葉可謂「叔本華的時代」，他的影響力不僅限於哲學，還擴及藝術、文學等其他領域。叔本華的哲學歷經早期的忽視到晚年的風靡，這一變化恰好發生在黑格爾逝世之後。他的哲學誕生於「哲學時代」，並在「科學時代」獲得接納，成為象徵西方哲學史轉折點的重要人物。

人生值得活嗎

身為「哲學時代」的哲學家，叔本華是一位試圖解釋「一切」的體系哲學家。他的主要著作除了知識論外，還涵蓋了本體論、自然哲學、倫理學、宗教哲學等，被視為一種「單一思想」的展開。然而，作為一位體系哲學家，叔本華的哲學體系評價並不高。在這方面，康德與德意志唯心論的大師們或許更具影響力。然而，隨著哲學的轉折，十九世紀後半「科學時代」的人們逐漸意識到，叔本華提出了一個關鍵性問題——這個問題自古以來一直是哲學必須思考的，也是科學無法回答的，那就是：「**這個人生值得活下去嗎？**」

作為「哲學時代」的哲學家，叔本華是一位試圖闡釋「一切」的體系哲學家。他的主要著作不僅涵蓋知識論，還觸及本體論、自然哲學、倫理學和宗教哲學等，被視為「唯一思想」的延展。然而，從體系哲學的角度來看，叔本華的哲學論述評價並不高。在這方面，康德和德意志唯心論的大師們或許更具影響力。然而，隨著哲學的轉折，生活在十九世紀後半「科學時代」的人們逐漸認識到，叔本華提出了一個決定性的問題——這個問題自古以來就是哲學必須思考的，也是科學無法回答的，那就是：「人生是否值得活下去？」

叔本華對這個問題的答案是「不值得」。然而，他所提出的問題與答案，激起了「悲觀主義爭論」，並在十九世紀後半期席捲整個德國。這場「爭論」不僅限於哲學家和知識分子，甚至一般社會大眾也能談論幾句。在這樣的時代氛圍中，出現了一位敢於挑戰叔本華的哲學家，他對二十世紀以後的思想產生了深遠影響，那就是本章的另一位主角——腓特烈．威廉．尼采（Friedrich Wilhelm Nietzsche, 1844-1900）。

從現代的角度來看，海德格（Martin Heidegger, 1889-1976）的哲學史觀（存在史）[1]對叔本華的

1 譯註：「存在史」（The history of being）是海德格的哲學概念，旨在重新審視人類對「存在」的理解在歷史中的演變。他認為，古希臘對「存在」的原初體驗逐漸被遺忘，這影響了後來的哲學發展。海德格試圖透過「存在史」挖掘古希臘思想的核心觀念，強調「存在」作為動態事件在歷史中的不斷展現。

輕視產生了深遠影響，似乎讓叔本華的哲學被貼上「二流」的標籤。此外，關於「人生是否值得活下去」這個問題——可以說是對「人生意義」的探討——如今也不再被視為哲學的核心問題。事實上，這個問題甚至被「專業」哲學界視為「外行」，因此往往被避而不談，儘管近年來這種情況有所改變。然而，當年叔本華將這個問題作為哲學命題提出，連尼采也終其一生與之抗爭。而且，這個問題不僅在西方，世界各地的宗教與哲學也將其視為至關重要的議題。從「世界哲學史」的角度來看，叔本華和尼采無疑占據了值得特別描述的位置。

西方的批判哲學——叔本華與尼采

叔本華哲學的新主軸是什麼呢？雖然我們可以有許多觀點，但本章將討論以下三個重點：（一）發現「無意識」的層次；（二）否認神的存在；（三）與印度思想的邂逅。這些觀點從根本上動搖了西方哲學，並在其內部形成了一種自我批判的視角。尼采則進一步以激進方式將這種批判展現在當代。在解說兩位哲學家的思想內容之前，本文將先簡要介紹這三點。

（一）「無意識」這一術語並非由叔本華和尼采提出，他們主要使用的是「意志」或「生命」來表達相似的概念。然而，西格蒙德・佛洛伊德（Sigmund Freud, 1856-1939）深受這兩位哲學家的影響，並在其後以「無意識」來指稱這個層次。我們受到體內某種「力量」的驅使，而這個「力量」並非由意識所控制。實際上，人類並非真正理性的存在，而是被不合理、具動物性衝動所驅動的聚合體。西方哲學，尤其是近代以來，一直以人類作為理性存在為驕傲，認為這是文明進步的曙光。然而，這種人類觀徹底顛覆了西方哲學的根本設定。同時，這也是將「身體」層次引入哲學的重要一步。叔本華是西方哲學史上首位將身體置於哲學核心的哲學家，這也標誌著「生命哲學」思潮的開端。

（二）在叔本華的哲學中，「神」並不存在。現代的許多讀者可能會認為：「這是理所當然的，有神出現的哲學不是真正的哲學。」的確，近代西方哲學與科學早已不再用神來解釋世界的運作機制。然而，傳統中，神的角色並不僅限於此。神的缺席意味著，沒有任何存在可以保證人類和世界的「善」，也無法在最後「救贖」人類。這讓人類成為無可救藥的邪惡存在，世界充滿了惡，而且無人能夠拯救我們。叔本華揭示了許多這樣的現象，而尼采最著名的那句「上帝已死」正是對這一問題的切入點。

（三）然而，神的缺席並不意味著救贖完全無望。叔本華拒絕依賴神這種超越的存在——「外在力量」——來達到救贖，而是選擇探尋其他道路，亦即「自我力量」的路徑。他將基督教禁慾的苦行者、神祕主義者的「聖人之道」置於其宗教哲學的核心。此外，他也接觸了印度思想，但這對他的哲學影響似乎有限。更準確地說，他在基本建構了自己的哲學體系之後，才與印度思想邂逅，並對其與自己哲學的相似感到驚訝。這一相遇似乎是命中注定的，當時西方的印度學正處於萌芽期，而叔本華成為其最重要的理解者，從而促進了東方智慧在西方世界的廣傳。叔本華被視為「佛教哲學家」，甚至被稱為「佛教徒」，他向西方介紹了「東方的智慧」，在「世界哲學史」扮演了舉足輕重的角色，之後的尼采及我們都成為他的繼承者。不過需要澄清的是，從現代觀點來看，當時西方對東方智慧的理解可能存在不少誤解與偏見。

基於上述三點，在下一節將實際說明叔本華哲學的內容後，再說明尼采對其的批判。

二、叔本華

「世界是我的表象」

叔本華的《作為意志和表象的世界》（以下簡稱《世界》）以「世界是我的表象」這句引人注目的話作為開篇（見《世界》第一節）。該書於一八四四年出版了「增訂版」，但本章僅討論「本篇」內容。「表象」指的是所有進入我們意識的現象，因此這句話的意思是，世界只是我意識中所反映的事物。這種宣稱似乎接近唯我論（solipsism），即認為唯有「我」是真正存在的，而外在的世界只是存在於我的意識之中。

但稍加思考便會發現，要否定唯我論其實非常困難，甚至可以說是否定唯我論是不可能的。「我」是「世界」的舞台，萬物與他人僅僅存在於「我」的意識之中，這在原理上是無法反駁的，這一點非常奇妙。而更奇妙的是，我們竟然能夠彼此「討論」唯我論。按唯我論的定義，「他者」應該不存在，然而各位讀者在閱讀我的文章時，卻能思索「這確實有道理」或「這不可能」等想法。令人困惑的是，我「們」竟能「共享」這樣的唯我論。因此，雖然無法否定唯我論，但唯我論中的「我」卻數不勝數，而且共同存在於同一個世界中。這種極為奇妙的狀態正是《世界》的出發點。

叔本華認為，要闡明這種奇妙的狀態，身體這個特殊的存在是一條關鍵線索。「我」有兩個面向：一是唯我論中的獨特性，另一則是作為世界中眾多事物中的唯一「我」，而身體正是這兩個「我」相會的地方。叔本華對唯我論不可思議的解釋是這樣的：「認知的主體是唯一的，這唯一的認知主體使唯一的世界得以成立。而這共同的認知主體『寄宿』於每個個體的身體中。」

這乍聽之下或許是一種超脫常規的世界觀，也是一種對「我」的特殊理解。然而，這種不符常識的世界觀卻揭示了常識中的世界理解本質，那就是「利己主義」。叔本華認為，儘管「我」是眾人共通的唯一認知主體，但若停留在「我」作為個體的立場而不自知，這正是「利己主義」的表現。「世界是我的表象」這句話展現了人類陷入利己主義的必然性。

那麼，能解開這個問題的關鍵──「身體」究竟是什麼呢？叔本華認為，身體是意志的具體呈現。

身體與意志

認知主體透過與身體的同一性，作為個體顯現於這個世界中。然而，對於這個認知主體來說，身體以兩種截然不同的方式被賦予。一方面，身體作為悟性直觀中的表象，遵循客觀法則，與其他客體並列；另一方面，身體同時以完全不同的方式被賦予，即作為每個人直接感知的存在，被視為**意志**的具體表達。（《世界》第十八節）

根據叔本華的說法，當我移動自己的身體時，這些動作是遵循物理法則的，可以科學地確定其因果關係。在這方面，身體與其他物體無異。然而，當身體活動時，我同時能從內在感受到驅動身體的力量，這被稱為「意志」。值得注意的是，這裡所說的意志與智識作用無關，也不同於我們通常理解的有意圖的意志。從現象的角度來看，這是一個由某種認知（動機）驅動而引發的必然活動過程，而使這一活動成為可能的力量，正是所謂的意志。「若純粹考察意志本身，會發現它缺乏認知，只是一種盲目且不可阻擋的衝動」（《世界》第五十四節）。

對於身體受此雙重賦予的方式，叔本華認為這是「通向自然界所有現象本質的一把鑰匙」。也就是說，他試圖「透過身體的類比來理解所有非我身體的物體，這些物體僅以表象的形式出現在我們的意識中」。因為我的身體與其他物體都是以相同的方式作為表象被賦予的，因此，排除那些呈現於表象中的事物後，剩下的內在本質「必然與我們自身所稱的意志相同」（《世界》第十九節）。

因此，透過類比這一方法，我在自身身體內感受到的那股力量得以轉移到其他所有事物的內部。也就是說，透過身體來觀察自然中的意志，便能將整個世界的所有事物，包括人類，理解為「一個意志」的展現。

同情的倫理學

將整個世界視為「一個意志」的表現，無疑是一種形上學。儘管它使用了「類比」這種謹慎的方法，但這樣的形上學真的能令人信服嗎？然而，叔本華還展開了另一個將意志的形上學正當化的重要論點，那就是以「同情」這一普遍現象為基礎的倫理學。

通常被譯為「同情」的德文「Mitleid」，實際上是指「與（mit）苦（Leid）共存」，因此在專業領域中常被翻譯為「共苦」。我們透過同情（共苦）與他人共同承受相同的痛苦，並試圖減輕這種痛苦。這種現象看似普通，但叔本華認為，唯有基於這種同情（共苦）的行為，才真正具有道德價值。

他所說的道德行為，是以他者的快樂為動機的行為。相對地，以自身的快樂為動機的行為則被稱為「利己主義」。在叔本華的觀點中，快樂無非是痛苦的消除，因此可以將這兩種行為分別理解為：消除他者痛苦的行為（道德行為）和消除自身痛苦的行為（利己主義）。道德行為的本質在於認識到他者的痛苦，並試圖為其減輕痛苦。而這種「認知他者痛苦」即是所謂的同情（共苦），這被認為是道德行為的唯一動機。

叔本華認為，這種同情（共苦）的認知並不尋常。它不是透過觀察某人受苦的外在跡象，然後推斷出他者的痛苦，而是相反，這種認知是「直覺的」。我們能夠直接將他者的痛苦感受到如同自身的痛苦，這就是所謂的同情（共苦）。

為什麼這樣的情況是可能的呢？叔本華認為，這是因為同情（共苦）使我們在他者身上看到與自己相同的本質，也就是與自己相同的意志。他將這稱為「看穿個體化的原理」。也就是說，超越由空間和時間（他稱之為「個體化的原理」）構成的表象世界，直視作為物自體的單一意志。他者實際上與我擁有相同的意志，他者的痛苦實際上就是我的痛苦。叔本華認為，這正是同情（共苦）的基礎，也是道德形而上學的根基。「唯有看穿個體化的原理，才能消除自我與他者之間的差異，從而解釋並實現對他者最無私的愛與最崇高的自我犧牲」（《世界》第六十八節）。

然而，叔本華借用了古代印度《奧義書》（*The Upanishads*）中的「摩耶的面紗」（veil of maya，日文譯為「迷妄」）來稱呼構成表象世界的個體化原理。他也引用了《奧義書》中的「你就是那個」（tat tvam asi），以此表達透過面紗所見的「真理」，即萬物實際上都是同一個意志，這也是同情（共苦）得以成立的基礎（《世界》第六十三節）。此外，他還說「所有的愛皆源於同情（共苦）」，並將同情（共苦）視為基督教中的「聖愛」（agape，見《世界》第六十六節），進一步主張所有偉大的宗教都共享相同的真理。

意志的否定

然而，任何基於同情（共苦）的道德行為，終究無法改變世界充滿痛苦的事實。更準確地說，正是因為同情（共苦），我們才不得不認識到這個世界本質上是一個充滿邪惡的熔爐。即使我能在某種程度上從痛苦中解脫，世界依然充斥著無盡的痛苦。

人世間的生活只是一連串的痛苦，叔本華認為，這是從世界作為意志的表象中得出的必然結論。意志不斷追求著某些東西，而追求本身意味著缺乏，而缺乏則是一種痛苦。意志為了滿足自身的渴望，永遠追尋某些事物，但這些渴望永遠無法真正滿足，因此只會無止境地追求下去。當然，阻礙這種追求的過程本身也是一種痛苦。簡單來說，我們的欲望是無窮無盡的，即便得到想要的東西，也只會有新的欲望接踵而至，因為這根源於「無法滿足」的痛苦。而如果無法獲得想要的東西，那又是另一種痛苦。我們的生命充滿了痛苦，在無法滿足的渴求驅使下勞碌一生，最終走向死亡，活在世上僅此而已。因此，叔本華的結論是：人生不值得活。

然而，叔本華指出，有一條「意志的否定」之路可以讓我們從這個充滿痛苦的世界中獲得救贖。當然，這並不意味著「去意志不意志」，因為這是自相矛盾的。只要清楚地認識到這個世界充滿痛苦，自然就不會再追求世間的事物，這就是所謂的「意志的否定」，也可稱之為「斷念」。叔本華認為，為了達到對痛苦的清晰認識，除了在個人的生命中經歷巨大的痛苦之外，也可以透過前述的同情（共苦）來實現這一目標。

那麼，所謂的「意志的否定」或「斷念」究竟是什麼樣的狀態呢？叔本華引用聖人傳記指出，達到這種境界的人將進入「充滿內在喜悅與真正的天賜安寧」（《世界》第六十八節）的狀態，這是一種宗教性的境界。因此，他認為：「這種狀態本質上不能稱為認識，因為它已超越主體與客體的形式，只能作為一種個人經驗，無法傳達給他人。」接著，他進一步指出：「我們這些始終堅守哲學立場的人，在此只能接受消極的認識，並滿足於已經抵達正面認識的邊界」（同前揭書第七十二節）。換句話說，這種境界無法透過哲學語言表達，因此哲學家只能保持沉默。如此，《世界》的主要論述在此結束。關於這裡提到的「無」，它經常引發不同的解釋與誤解，但應注意的是，它當然並非單純指「世界的消滅」。

在完全廢棄意志之後，對於仍然被意志充滿的所有人來說，剩下的當然是「無」。然而，反過來說，對於那些已經轉變並否定意志的人來說，這個如此真實的世界，連同太陽與銀河的一切，都是「無」。（《世界》第七十一節）

現行《世界》在本論結尾的最後一句話後附有一則註解：「這正是佛教徒所說的般若波羅蜜多（Pradschna-Paramita），即『所有認知的彼岸』，換言之，這是主觀與客觀皆不存在的境地」（同前揭書）。這則註解在某種程度上推動了將叔本華哲學視為「佛教哲學」的觀點，但實際上，這並非由叔本華本人所加。這註解是根據他晚年在自己書中寫下的內容，於他死後被納入註釋之中。事實上，隨著《世界》版本的更迭，增補了許多內容，特別是與印度哲學和佛教相關的部分。因此，叔本華與印度思想之間的關係至今仍然是爭論不休的議題。

三、尼采

「上帝已死」

尼采在萊比錫大學學習古典文獻學時（一八六五年），偶然接觸到叔本華的《作為意志與表象的世界》，並迅速被其吸引。尼采的第一部哲學著作《悲劇的誕生》（一八七二年），是一部探討古希臘悲劇的古典文獻學作品，顯示出他深受叔本華影響。然而，在這本書中，尼采卻開始與叔本華的思想抗衡，試圖對「人生是否值得活」這一問題作出正面的回應。從那時起，尼采一生都在與這一問題搏鬥，並將「肯定生命」視為自己哲學理念的核心。

尼采最著名的一句話是「上帝已死」。其中最具代表性的一段，描寫了一位「瘋子」走入市場，向所有人宣告「上帝已死！」這奇異的場景（出自《快樂的知識》第一二五節，此書標題另有譯作《快樂的科學》或《歡愉的智慧》）。這位「瘋子」一邊奔跑穿過市場，一邊高喊：「我在找上帝！」當時，市場中聚集了許多不信神的人，於是「瘋子」引得眾人大笑。他對這些發笑的**無神論者說**：「是我們殺死了上帝，上帝已死！」（同前揭書。重點標記為引用者所加，以下相同）

這裡應注意的是「瘋子」與「無神論者」之間的差異。在本章開頭提到神在傳統中扮演的兩種角色：一是作為解釋這個世界的最終原理，二是將人類從這個充滿邪惡的世界中拯救出來。「瘋子」和「無神論者」的區別正體現在這兩個角色上。「無神論者」拒絕承認神是解釋世界的原理，並將這種拒絕視為「勝利」與「進步」，並為此感到自豪。然而，「瘋子」則認為，若神不存在，人類或許將無法獲得救贖，因此不得不面對「人生是否值得活」這一問題。「瘋子」認為這是一個令人恐懼的問題，尼采將其稱為「虛無主義」。相反，「無神論者」卻未意識到「上帝之死」所帶來的這一嚴峻問題。

在前述內容出現前，《快樂的知識》中有如下描述：

> 嶄新的戰鬥——據說在佛陀死後的數百年間，某個洞窟中依然能見到他的影子——可怕至極的影子。上帝已死。然而，按照人世的常理，或許在未來的數千年中，仍會有洞窟能看見**上帝的影子**——而我們——我們也必須打倒**上帝的影子**！（同前揭書第一〇八節）

這一節是「上帝已死」一詞在尼采已出版著作中首次出現，但重點顯然不在「上帝之死」本身，而在於打倒「上帝的影子」。尼采認為「上帝之死」已經是一個不言自明的事實，許多人也都承認了這一點，但更為重要的是，打倒「上帝的影子」，這是一場「嶄新的戰鬥」。那麼，什麼是「上帝的影子」呢？這指的正是形上學，尼采認為這正是我們需要擊倒的。這就是他不同於叔本華的獨特道路。

同情的道德批判

形上學認為存在某種超越自然的存在，並且萬物都由這個存在所定義。而尼采作為「科學時代」的哲學家，否定了形上學的思想。他對蘇格拉底、柏拉圖及基督教等西方文化在根本上嚴厲批判，但其最大的假想敵始終是叔本華。尼采的批判方向雖多樣，其中一個核心便是對前述的同情（共苦）道德的批評。他不僅在形上學上否定了所有現象作為「一個意志」的表象，還否定了所有人都能達到妥適客觀之善的這一想法。

尼采對於同情（共苦）的批判在於，與叔本華將「沒有痛苦」視為幸福的觀念不同，尼采認為幸福是與痛苦對抗並嘗試克服的過程。他說：「如果你們做得到的話——而且沒有比這更愚蠢的『可做之事』——希望排除痛苦……你們所理解的平安——沒錯，那不是目標，而是我們認為的終結！……透過痛苦，透過巨大痛苦帶來的訓斥——你們難道不知道，正是這種訓斥至今為人類帶來了一切進步嗎？」（出自《善惡的彼岸》第二二五節）因此，若要真正「增加他人的幸福」，那麼「道德上正確」的行為應是「協助他人自行克服更多且更大的痛苦」，而非「排除他們的痛苦」。尼采還說：「我想教朋友的是，如今很少有人理解的，也是那些提倡同情（共苦）的人最不理解的，那就是一同分享喜悅！」（同前揭書第三三五節）。

在前面的章節中也提到，叔本華認為同情（共苦）與基督教的聖愛以及《奧義書》的思想相類似，並認為「意志的否定」與佛教的涅槃相同。以現代觀點來看，這種看法或許已經不再妥當，然而尼采卻接受了叔本華的觀點，並將自己的批判同樣視為對基督教和佛教的批判。叔本華否定了神的外力救贖，看到佛教中自力救濟的可能性，但在尼采看來，這些思想的共通問題在於「救贖」。叔本華——以及其思想中的基督教和佛教——認為，我們必須從世界中獲得解救，因為「世界充滿了痛苦」。然而，尼采雖也同意「世界充滿了痛苦」，但他得出的結論卻是，正因為如此，人生才值得一活。

這看似僅僅是尼采與叔本華之間對於幸福觀的分歧。然而，尼采指出，若像叔本華那樣將同情（共苦）視為「道德的基礎」，實際上就是將一種特定的幸福觀定義為「唯一正確的」幸福觀。這相當於宣告，只有持有該幸福觀的特定類型人才是「唯一正確的」人類類型。因此，尼采的論點表明，所有人類共通的善是不存在的。的確，許多人可能認為「沒有痛苦」是好的，但也有人認為「克服痛苦」才是幸福所在。尼采進一步認為，只有透過這種方式肯定生命，才能促進人類的進步與文化的繁榮。

永恆回歸

尼采所提倡的肯定生命的最高形式，便是在「可到達之可能性中最高的肯定方式」（《瞧！這個人》〈查拉圖斯特拉如是說〉第一節）中所舉出的著名的「永恆回歸」。眾所周知，「萬物都以相同的順序無限重複」，這是一個奇妙的思想。

你必須重新度過至今活過的人生，並且重複無數次。不會有任何新的事物，所有痛苦、喜悅、想法與嘆息，那些無法彰顯你人生的枝微末節以及大事，全部會回來，而且一切都會是相同的順序。（《快樂的知識》第三四一節）

這是一種思想實驗。尼采告訴我們，若要真正肯定生命，就必須肯定一切，並在生命的盡頭說出：「原來人生就是如此，好，再來一次！」（出自《查拉圖斯特拉如是說》第三部「幻影與謎」第一節）。每個人或許都渴望無限重複幸福的片刻，但尼采所指的肯定並不限於這些美好的時光，而是包括所有悲傷與痛苦的日子，甚至最終面臨自己死亡的那一天，都應該得到肯定。

事實上，這不僅僅是個人生命的重複，所謂的「永恆回歸」是整個世界的重複。在這樣一個永恆回歸的世界中，任何罪惡——無論是奧斯威辛集中營的慘劇、廣島的核彈爆炸、或是三一一大地震——都將無限次地重複。我們能承受這樣的世界嗎？不，這並非「忍受」，而是我們必須自發地祈禱整個世界以這種方式不斷重複，這才是真正的「肯定生命」。

然而，尼采本人是否真的達到如此徹底肯定生命的境界，令人懷疑。正如前幾章提到的，尼采透過「克服痛苦」來抵達肯定生命的幸福觀，但這看似也帶有某種不合理之處。有一種解釋認為，這種肯定的狀態或許接近於尼采所批評的佛教中的「覺悟」。關於如何理解尼采所提出的「肯定生命」這一思想，至今仍是一個開放性的問題。

逸事——與日本的關聯

最後，向各位讀者分享一則逸事。本系列第一冊第五章（赤松明彥，〈古印度的世界與靈魂〉）中介紹的西方哲學、德國哲學研究者保羅・多伊森（Paul Deussen, 1845-1919），實際上是尼采在文理中學時的朋友。在尼采的推薦下，他閱讀了叔本華的著作，並成為了叔本華的追隨者，之後成立了德國的「叔本華協會」——該協會至今仍存在，並在全球領導著相關研究。他還編輯了叔本華的全集。有一位日本人曾在多伊森門下學習印度哲學，後來成為東京帝國大學的教授，奠定了日本宗教學的基礎，這位學者便是姉崎正治（筆名「嘲風」，一八七三—一九四九）。高山樗牛是最早將尼采思想介紹到日本的一人，而姉崎與高山樗牛是好友。一九〇〇年八月，當尼采去世的電報傳到多伊森手中時，姉崎正好在場。姉崎回到日本後，首次將叔本華的《作為意志與表象的世界》翻譯成日文，由此開啟了日本的叔本華研究。而這篇文章也是其研究積累的延續，正是「世界哲學史」將我們彼此聯繫起來。

延伸閱讀

須藤訓任責任編輯，《哲學的歷史9：反哲學與世紀末》（中央公論新社，二〇〇七年）——不僅對於叔本華與尼采，如果要了解十九世紀到二十世紀的西方哲學，適合在讀完本書後閱讀此書。

呂迪格・薩弗蘭斯基（Rüdiger Safranski），山本尤譯，《叔本華哲學的驚滔駭浪時代傳記》（*Schopenhauer and the Wild Years of Philosophy*，法政大學出版局，一九九〇年）——篇幅雖長，但是對了解叔本華哲學的內容很有幫助，作為「哲學時代」末期的人物傳記傳記也很有趣，並且簡單易讀。

羅傑—坡爾・德洛瓦（Roger-Pol Droit），島田裕巳、田桐正彥譯，《虛無的信仰：為何西歐懼怕佛教》（*The Cult of Nothingness: The Philosophers and the Buddha in the Nineteenth Century*，Transview，二〇〇

二年）——簡單易懂，引人入勝，講述了佛教於十九世紀初正式傳入西方時，當時西方世界是如何接受和誤解佛教。也能了解叔本華思想的創新之處。菲德立克・勒諾瓦（Frédéric Lenoir），今枝由郎、富樫瓔子譯，《佛教與西方的相遇》（*Buddhism and the West: A History of Encounters*，*Transview*，二〇一〇年）以歷史的方式整理了從古至今的佛教，並各用一個章節說明叔本華與尼采，本書也同樣值得推薦。

永井均，《這就是尼采》（講談社現代新書，一九九八年）——這是許多尼采入門書裡最佳的一本。雖然本書非常獨特，但卻是「與尼采一起哲學」的最佳入門書。另外關於尼采與叔本華相對較新的研究書籍，推薦伯納德・雷金斯特（Bernard Reginster），岡村俊史、竹內綱史、新名隆志譯，《肯定生命：透過尼采克服虛無主義》（*The Affirmation of Life: Nietzsche on Overcoming Nihilism*，法政大學出版局，二〇二〇年）。本書準確而清晰地解釋了本章未能探討的各種論點。

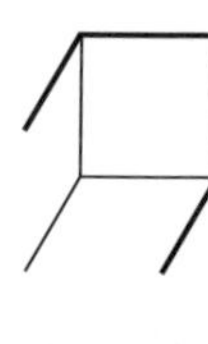

專欄二
謝林積極哲學的創新　山脇雅夫

《世界時代》是「積極哲學」（Positive Philosophie）體系的第一部分（後續還有第二部分「神話哲學」與第三部分「啟示哲學」），這是一部未完成的遺稿。謝林在其中討論了「人類與自身、世界分裂的強烈情感」。謝林同意黑格爾的觀點，認為近代是由於人類與自然的分裂，導致整體協調的喪失，從而失去意義的時代，並試圖從哲學上正視這一時代的問題。然而，對於這一問題的回應，謝林提出了一條與黑格爾思想對立的另一種哲學可能性。

「作為消除永無止境矛盾之運動而降臨的統一」、「存在於對自身之外之世界的神」，黑格爾透過這些概念，在某種意義上合理化了充滿矛盾的現實。他認知到，在朝向目的本身的運動中，目的得以實現，因此他將現實視為已完成的現實性（entelecheia）。

然而，謝林認為，關於現實「是什麼」（was），黑格爾式的理性透過邏輯推理認知其本質，但無法呈現其存在（daß）。這是因為黑格爾的理性不知道自己從何而來，也無法了解自己的「過去」。謝林的積極哲學試圖將理性置於一個更廣大的時間體系之中。他強調「存在」是理性無法恢復的事實，並沿著先於一切思維的存在追溯理性的生成。從這個角度看，謝林將

「歷史的哲學」視為積極哲學的特徵。對他而言，「現在」是理性誕生之時，與自然物這一理性的他者對立的時代。謝林並非反理性主義者，他認為要克服這種對立，應透過將自然物內化於理性中來實現。然而，即便這種對立得以克服，自然物也不會被消除。與理性對立的「理性他者」仍在理性的根基上發揮作用，其力量反而成為理性強大的來源。黑格爾式的理性相信自己能恢復一切，但謝林展示了一種完全不同的理性樣貌。

謝林不同於黑格爾，他並不在現實中看見理性的存在，也不認為對立的統一能在當下實現。對謝林而言，現在只是通往未來統一的過渡階段。他開闢了思考超越當前對立的「未來」可能性。恩斯特．布洛赫（Ernst Bloch，被哈伯瑪斯稱為「馬克思主義式的謝林」）的「尚未意識之物」哲學，以及某種意義上的馬克思思想，它們都處於謝林所開創的思想領域中。

CHAPTER

four

第四章
馬克思的資本主義批判

佐佐木隆治

マルクスの資本主義批判

一、馬克思與「馬克思主義」

作為近代解放思想的共產主義

即便冷戰結束後已過三十年，馬克思主義在現實政治中的影響力似乎已經減弱，但討論卡爾・馬克思（Karl Marx, 1818-1883）的思想依然充滿困難。這種困難並不僅僅源於社會條件的制約——畢竟我們仍然生活在馬克思所批判的資本主義經濟體系中。更深層的原因在於馬克思思想中固有的現代主義與對現代的批判這兩個既對立又互補的特質，讓局勢變得更加複雜。

從十五世紀到十八世紀，資本主義經濟經歷了漫長的「陣痛期」，最終在歐洲誕生，成為人類歷史上獨一無二的經濟系統。正如經濟人類學家卡爾・波蘭尼（Karl Polanyi, 1886-1964）後來所指出的，資本主義經濟的建立，需要市場這個「惡魔的石臼」取代以往所有社會系統的基本原則——共同體，這為人們的生活方式帶來了根本性的變革。一方面，個體在共同體中相互依賴的束縛消失，自由競爭得以展開，生產力大幅提升，人類能享受的物質財富也隨之增多。但另一方面，由於人們的生活大部分依賴市場經濟，經濟的波動便大幅左右了人們的命運，增添了生活的不穩定性。尤其是無產階級，他們一旦失業，甚至可能失去居所。隨著機械化的進步，競爭愈發激烈，而社會普遍存在著低薪、長工時的現象，進一步加劇了他們的困境。

隨著全新的經濟系統橫空出世，人們的解放思想也從過去宗教式的烏托邦中超脫，並以全新的形式呈現，這便是社會主義與共產主義。中世紀的烏托邦思想以滿足世俗欲望為理想，而近代的社會主義與共產主義烏托邦則聚焦於克服當前的社會矛盾，以理性和進步為其特徵。換言之，這些烏托邦構想旨在解決資本主義盛行下所引發的失業、貧窮、勞動痛苦等問題，並試圖超越這些社會困境。

舉例來說，在階級鬥爭最為激烈的法國，曾參與法國大革命的法蘭索瓦—諾埃勒．巴貝夫（François-Noël Babeuf, 1760-1797）主張，為了超越資本主義的極限，應該透過廢除土地私有制來實現「平等共和國」；聖西門（Comte de Saint-Simon, 1760-1825）則提倡產業推動者的自主管理與國際合作；夏爾．傅立葉認為「文明社會」帶來了貧富差距與社會恐慌，應由滿足人們情感需求的自給自足社群——「法朗吉」（Phalanstère），這一獨特的公社社會來取而代之。而活躍於十九世紀中葉的布朗基繼承了巴貝夫的思想，期望建立一個共產主義社會，透過聯合協會（可譯作合作組織或工會），使勞動者成為生產手段的擁有者，共同分享土地與自然等財富。

黑格爾的歷史哲學與馬克思的唯物史觀

十九世紀中葉，馬克思以哲學家和思想家的身分登上歐洲舞台，他的思想正是繼承並徹底貫徹了這種近代解放思想。馬克思共產主義理論的一大特徵，是將共產主義的實現置於歷史必然發展的過程之中。從這一點來看，馬克思也是黑格爾的繼承者。黑格爾將世界史理解為「自由意識不斷前進的過程」，從而提供了一個從近代理性立場出發，將歷史視為發展進程的視角。

然而，正如後來青年黑格爾學派（Young Hegelians）[1]所批判的，從當下「我們」的視角去事後理解歷史的方法有其缺陷，即從現實中尋找理念可能是合理的，但也可能僅僅是在為現實辯護。因此，馬克思反對青年黑格爾學派所提出的透過某種理念來超越時代的「啟蒙主義」，而主張應從實際的生產活動和人們日常行為模式的發展中重新理解歷史，並展望一個超越近代社會的全新社會。

黑格爾依據自由的形式，將世界歷史分為「專制政治」、「民主制與貴族制」和「君主制」，而馬克思則根據生產方式，將世界歷史劃分為「亞洲的、古代的、封建的以及資產階級的生產方式」。馬克思認為，「資產階級社會制度內發展的各種生產力，也為解決這種敵對關係創造了物質條件」，因此「隨著這一社會結構的出現，人類社會的史前史就結束了」，並主張共產主義社會將得以實現（《政治經濟學批判》），這便是所謂的「唯物史觀」。正如格奧爾

1 譯註：青年黑格爾學派（或稱黑格爾左派）是一群在一八三一年黑格爾去世後約十年內活躍的普魯士知識分子。他們繼承了黑格爾對理性與自由的尊崇，並試圖挑戰當時的宗教教條和政治威權主義。主要成員包括布魯諾·鮑威爾、費爾巴哈，馬克思與恩格斯也曾參加過該派活動。

格・盧卡奇（Gyorgy Lukacs, 1885-1971）後來所說，馬克思「積極且徹底推動了黑格爾哲學中潛藏的歷史傾向」。

近代化意識形態的「馬克思主義」

馬克思的歷史觀對近代社會，尤其是工業革命後生產力迅速提升的社會主義運動和民族解放鬥爭，帶來了深遠的影響。他預見了資本主義經濟的全球發展趨勢，並指出勞動階級是推動社會變革的最強大力量，這正是其理論衝擊力的來源。

然而，馬克思的理論並未在他生前就深入人心。馬克思逝世後，他的戰友腓特烈・恩格斯（Friedrich Engels, 1820-1895）與其弟子卡爾・約翰・考茨基（Karl Johann Kautsky, 1854-1938）將他的理論作為一種解釋萬物的世界觀加以推廣，並對德國的勞工運動和社會主義運動產生了深遠影響。一九一七年俄國革命後，社會主義在史達林體制下成為國家體制合法化的教條，並憑藉蘇聯的權威和物質力量傳播至全球。這種在馬克思死後被系統化、簡化的馬克思詮釋體系，本章稱之為「馬克思主義」。

當然，若「馬克思主義」僅是對馬克思理論的杜撰，它不可能擁有足以撼動全世界的影響力。事實上，它放大了馬克思思想中的現代主義要素——如理性主義、實證主義、進步史觀、生產力主義和歐洲中心主義等，並在由資本主義經濟和現代國民國家組成的現代社會系統中，形成了另一種不同於主流近代化意識形態的思想體系。正因如此，基於「馬克思主義」的各種政治運動在二十世紀的歷史中取得了許多重大成功。

然而，「馬克思主義」的成功祕密源於其根植於現代主義的思想框架，並未在理論上超越現代。正如伊曼紐爾・華勒斯坦（Immanuel Wallerstein, 1930-2019）所指出的，在資本主義世界體系的核心，它轉變為代議制民主下的社會民主主義；而在革命成功的邊緣或半邊緣地區，它成為近代政治權力的推動力量，被納入國際主權國家體制內。「馬克思主義」只是一種理念，它透過推動開發型國家資本主義的形式加以合理化，這與資本主義核心區域有所不同。

然而，馬克思的思想雖源於現代主義，但其中還包含了一個與現代主義不同的要素，那就是馬克思所稱的「政治經濟學批判」。這種批判從根本上針對資本主義經濟及其衍生的各種意識形態。然而，這一批判在「馬克思主義」中幾乎被消解，不是被視為次要的插曲，就是被完全忽略。然而，在俄國革命後，這一思想被重新發現，即便面臨各種壓迫與壓力，仍對二十世紀後半的哲學和思想產生了重要影響。接下來，將透過對比「馬克思主義」與馬克思的現代批判，探討馬克思在世界哲學史上的意義。

二、哲學批判

恩格斯的「哲學」化

其實，單從馬克思的文本來看，「馬克思的哲學」根本不存在。甚至可以說，除了早期的論文之外，馬克思在青年黑格爾學派的影響下，始終對哲學抱持著批判的態度。然而，眾所周知，馬克思曾批判過政治經濟學，但鮮為人知的是，他同樣也曾批判哲學。這種忽視部分，很大程度上源自於「馬克思主義」將馬克思的思想「哲學化」的影響。

率先將馬克思理論「哲學化」的是恩格斯。儘管如本文所述，對馬克思而言，唯物論意味著背離哲學，但恩格斯卻將馬克思的「唯物論世界觀」視為第一次在所有相關知識領域中得到一貫發展的理論。他進一步主張，唯物論是一種認為世界起源於物質的哲學世界觀（《費爾巴哈和德意志古典哲學的終結》）。

此外，恩格斯將辯證法理解為解釋一切的普遍法則。他認為，「歷史事件表面上的偶然所遵循的辯證運動法則，同樣也貫徹於自然中，透過無數彼此交織的變化實現。」「這個法則如同一條線，貫穿了人類思考發展的歷史。」並且「放之四海而皆準」（《反杜林論》）。然而，馬克思本人從未提及普遍存在於自然、社會和人類思想中的「辯證運動法則」。即便在被稱為「唯物史觀公式」的敘述中，馬克思也謹慎地採用了「引導之絲」的說法，並明確指出這與哲學不同，並非藉此正確區分歷史各個時代（《德意志意識形態》）。

事實上，正如艾蒂安．巴禮巴（Étienne Balibar, 1942-）所指出的，「即便馬克思如何反對傳統哲學敘述的形式和用途，毫無疑問，他本人確實將哲學論述與對歷史社會性的分析、政治行為命題交織在一起」（《馬克思的哲學》）。從這個意義上來說，探討「馬克思的哲學」並非全然不可能。然而，這並不意味著要回到「馬克思主義」的哲學體系，也不代表要從馬克思早期著作中挖掘哲學言詞來重構其思想。如果要談論馬克思的哲學，必須根據馬克思本人的語境來確認其哲學批判的意義

青年黑格爾學派與馬克思

青年黑格爾學派的主要成員布魯諾．鮑威爾（Bruno Bauer, 1809-1882）的自我意識哲學，對年輕的馬克思產生了極大的影響。黑格爾的哲學強調物體是真理的基礎，並將主體的自我反省革新歸結於當下的「我們」。然而，鮑威爾嚴厲批判了黑格爾哲學的保守，主張自我意識才是真實的力量，並塑造和推動了歷史的發展。此外，他試圖透過自我意識本身對宗教展開批判，從而克服因自我意識不成熟而產生的自我異化（alienation），即那種誕生於自我、卻與自己敵對並主宰自我的存在——宗教。

然而，隨著政治情勢日益反動，馬克思放棄了以哲學家的身分獲得大學教職的念頭，轉而

從事記者工作。然而，正是關於木材竊盜取締法等涉及現實經濟利益的經驗，讓他對青年黑格爾學派的抽象哲學產生了質疑。馬克思開始對黑格爾的法律哲學進行批判性研究，探索更具體的變革願景。在他的草稿《黑格爾法哲學批判》（一八四三年）中，他提出現代社會中私領域的公民社會與公領域的國家相互疏遠的二元對立，必須透過公民參與政治、實現「民主制」來加以克服。

然而，馬克思在巴黎發行的《德法年鑑》（一八四四年）中發表的兩篇論文中，已經放棄了這個想法。在〈論猶太人問題〉中，馬克思指出，透過實現政治民主來消除前近代的特權，反而加深了二元主義的鞏固；而在〈黑格爾法哲學批判導言〉中，他認為變革的根基在於生活於公民社會中的人類欲求，尤其是無產階級的極端欲求。馬克思如此重視感性欲求，是受到青年黑格爾學派主要成員之一——路德維希·費爾巴哈（Ludwig Feuerbach, 1804-1872）的人文主義感性哲學的影響。

因此，馬克思開始脫離青年黑格爾學派依靠理念改變意識的問題框架，並在巴黎正式展開對經濟學的研究。他在此期間撰寫的部分筆記被稱為《經濟學哲學手稿》。馬克思在其中批判了那些將私有制作為不言自明前提的經濟學家，並認為現代特有的雇傭勞動方式是私有制的根源。他透過費爾巴哈的感性人類學批判了鮑威爾自我意識的抽象性，主張異化是公民社會中的異化，而非自我意識中的異化。另一方面，馬克思又透過鮑威爾的自我意識動力批判了費爾巴哈感性人類的靜態性，將「勞動」定位為兩者的節點。在此，我們看到了一個前景：儘管私有制形式異化了人類，但人類可以透過感性且有意識的行為——即勞動——發展自身，最終克服異化，實現「人類主義」與「自然主義」的統一。

到「新唯物論」

在此之前，雖然馬克思批判了費爾巴哈，但仍對其推崇有加。然而，當他流亡至布魯塞爾後，便開始批判包括費爾巴哈在內的所有哲學。由於受到青年黑格爾學派成員麥克斯·施蒂納的批評，馬克思為了明確表達與費爾巴哈理論的差異，撰寫了《關於費爾巴哈的提綱》。在這份手稿中，馬克思指出，費爾巴哈的唯物論只是透過感性人類的直觀將人們從宗教中解放出來，依然停留在資產階級社會的立場上；而馬克思自己的唯物論則是從人類的實踐行動出發，揭示這些實踐在現實社會中所產生的矛盾，這是一種基於「人類社會」立場的「新唯物論」。

馬克思在與恩格斯一同執筆的草稿《德意志意識形態》中，展開了更為徹底的哲學批判。哲學往往認為意識形態具有獨立於現實關係的力量，並試圖借助對世界的不同「解釋」來批判這種意識形態，從而透過啟蒙來改變世界。然而，馬克思認為這種鬥爭方式是錯誤的。問題在於，僅僅批判性地分析意識形態，並不能揭示其與現實關係的根本聯繫。真正的變革契機需要在現實的社會關係中被發現。馬克思將自己的立場稱為「實踐的唯物論者」，正是因為他試圖在現實中的各種實踐關係中找到變革的根據，而非在抽象的理念中尋求答案。

從「新唯物論」乃至「實踐的唯物論」中自然誕生的就是「唯物史觀」，它在生產力與生產關係的矛盾中找到了建立新社會的根據。正如馬克思在一八四八年革命前夕為共產主義者同盟所撰寫的《共產黨宣言》中所述，隨著資產階級社會中的生產力日益增長，與生產關係之間的矛盾不斷加深，除了引發經濟恐慌之外，無產階級為了生存而學會團結，組成協會。如此一來，「將會出現一個聯合體，取代存在階級與階級對立的舊資產階級社會，在這個聯合體中，每個人的自由發展是所有人自由發展的條件」（《共產黨宣言》）。

作為批判思考的「哲學」

從上文可以看出，馬克思的哲學批判主要針對的是任何高估精神對現實世界——也就是意識、意志、概念等力量——影響的思維方式。因此，馬克思的理論本身並不擁有任何能直接改變現實的力量。正如「馬克思主義」批評家先驅卡爾・科西（Karl Korsch, 1886-1961）所指出的，「由於馬克思主義理論是社會和歷史進程的一般呈現，馬克思主義理論必然也受到這個社會和歷史進程的制約」（《馬克思主義與哲學》）。

對馬克思而言，建構一個擁有某種先驗、超越歷史妥當性的哲學體系並非他的關注重點。馬克思多次強調拒絕「以跨越歷史性為其最佳優點的普遍歷史哲學理論」。他所試圖闡明的是，在資本主義這一特定歷史背景下，生產系統必然會對人類的意識和行為產生不可避免的限制，並透過預見現實中存在的變革可能性，開闢創造性的實踐之路。正因如此，馬克思在其主要著作《資本論》（一八六七年）第一卷中指出：「實際上，經由分析找到宗教幻影的世俗核心，比從當前的現實生活關係中解釋天國化形式要容易得多。後者是唯一唯物論的方法，因此也是唯一科學的方法」。

問題的重點已經不再是「解釋世界」，或嘗試以其內容為基礎來改變世界。為了真正「改變世界」，我們必須闡明現代社會制度如何持續對我們的思維和行為施加「枷鎖」。對馬克思來說，這正是政治經濟學批判的本質所在。

這種批判性思考已經超越了馬克思所批判的傳統哲學，另一方面，它也無法簡單歸結為實證主義的範疇。正如阿多諾所指出，雖然實證主義在表面上似乎與傳統的現代哲學對立，但由於其對「方法論」的堅持，實證主義實際上是現代主義的一種更直接的展現。因此，馬克思在其政治經濟學批判的起點（如《政治經濟學批判大綱》，一八五八年）中，必須重新面對黑格爾的邏輯學。儘管他認識到黑格爾哲學的局限性，但他同時也試圖掌握現代社會制度的概念，以更深入的批判和理解。

如此一來，馬克思的思想仍可被稱為一種「哲學」，因為他在德意志唯心論偉大成果的基礎上，創造出了一種超越現代社會制度的批判性思考模式。這種批判傳統在後來的西歐馬克思主義、以盧卡奇為首的法蘭克福學派批判理論、安東尼奧・奈格里（Antonio Negri）與約翰・霍洛威（John Holloway）的自主馬克思主義（Autonomist Marxism），以及基於文獻研究的各種馬克思批評中得以繼承與發展。

三、政治經濟學批判

經濟形式規定的支配

理解馬克思的政治經濟學批判，其難度遠遠超過哲學批判。從人類歷史的角度來看，資本主義的生產方式是一個極為特殊的系統，而現今市場經濟已滲透到我們生活的每個角落，資本主義已成為日常生活的一部分，識別其特殊性變得更加困難。正如馬克思自己所言，當他在《資本論》第一卷中嘗試批判經濟學時，其方法較之於草稿「隱蔽得多」。在這樣複雜的背景下，馬克思的政治經濟學批判逐漸被重新納入現代主義的「馬克思經濟學」理論體系中。

邁克爾・海因里希（Michael Heinrich, 1957-）是現代德國最著名的馬克思研究者之一，正如他強調的，馬克思的政治經濟學批判之所以與其他經濟學不同，在於其對經濟形式的批判性分析。正如《資本論》第一卷開篇所指出，在資本主義社會中，財富主要以「商品」的形式呈現。這些商品不僅具有滿足人們需求的使用價值，也同時作為交換的對象。在這裡，財富不僅被視為滿足人們欲望的實體（使用價值），更是一種可以被估價的對象，即擁有交換能力的「價值」。換句話說，財富在資本主義系統中是可以被定價和討價還價的。在這種經濟體系中，這種「價值」的形式，即商品形式，成為了規定財富的核心方式。此外，商品的「價值」是無形的，並透過一種特定的商品來體現所有其他商品的價值，這便是「一般等價形式」，即「貨幣」。貨幣成為資本主義社會中的一個強大的存在，體現了純粹的社會「價值」。

這種經濟形式規定是由人類透過經濟活動創造的，但它同時又規範並控制著人類的活動方式。在資本主義系統中，財富以商品形式存在，而這個系統內部的生產活動的社會組成，例如生產什麼、多少、給誰以及如何分配，並不能透過人類的邏輯或社會決策來直接決定，無論是傳統（如階級與世襲）還是集體決策（無論是獨裁者的決定還是民主決策），都無法控制這一過程。因為在資本主義體系中，個體作為獨立的經濟單位，為私人利益而從事生產活動。因此，在資本主義下，生產活動的社會組成透過商品形式來調節和控制。例如，生產者能否成功銷售商品、商品價格如何，這些都取決於市場的反應，而不是直接由人類的決策決定。換句話說，在這種由私人生產者組成的社會中，人類無法直接干預或改變生產和分配的方式，而是必須依循商品形式來加以調整和運作。

因此，在資本主義系統中，人類透過自身行為所創造的經濟形式，具備框架、規範人類行為與意識的力量。這種形式規定，雖然僅僅是透過每個個體行動所形成的社會力量，但只要這些行動持續存在，它便會對我們現實中的實踐產生深遠的影響。透過形式規定的概念，我們可以內在且動態地理解這種規定、控制和支配我們的社會力量，這種力量不斷由我們自身的行為再生產，而不是以外在、靜態的方式存在。盧卡奇與阿多諾後來強調的論點是，經濟形態的支配會改變人格；而哈洛威與奈格里等人則聚焦於經濟形式規定下的生產實踐再生產，這是他們分析的重點。

經濟形式規定的支配是《資本論》的核心主題之一，它顛覆了現代社會中固有的主體與客體關係。要在歷史上實現全面的商品生產，必須打破自給自足的公社生活秩序，並將勞動力商品化。私人生產活動，即私人勞動，主要透過雇傭勞動來實現。如果抽象地考慮一般的勞動過程，雇傭勞動看似仍是生產者主動進行的自然生產過程，但在資本主義體系中，雇傭勞動完全是資本的功能，目的是為了增值資本，而非單純生產財富。因此，生產的各種手段不再只是勞動者使用的生產工具，而是作為資本增值的手段，消耗勞動者的過程。正如馬克思在《資本論》第一卷中所言：「生產的各種手段，並非作為勞動者施行之生產活動各要素而被消費，而是作為將勞動者當作生產之各種手段本身之生活過程（增加價值過程）的酵素被消費。」這揭示了資本主義如何透過商品形式控制生產活動，並將勞動轉變為資本增值的工具。

在資本主義的生產方式中，這種顛覆的過程不斷重複上演。「勞動者不斷生產出客體的財富，這些財富以資本的形式存在，並作為一種遙遠、支配且剝削他們的力量」（《資本論》第一卷）。由於資本主義的生產關係透過雇傭勞動不斷再生產，人們不僅在雇傭勞動時依賴資本，甚至在自由時間的消費活動中也同樣依賴資本。休息時間變成了重新生產勞動力的時間，以便勞動者能在明天再次出售自己的勞動力。此外，由於雇用勞動者的主要目的在於增加資本價值的增值需求，雇傭勞動者經常處於失業與貧困的恐懼之中。資本主義的生產方式，使得「勞動者的存在是為了增強資本價值的需求，而非為了勞動者自身發展的需求」（《資本論》第一卷）。這種生產方式不僅剝奪了勞動者的自由，還使得他們的生活完全被資本主義的邏輯所主導。

「馬克思經濟學」

由此可知，馬克思政治經濟學批判的核心在於透過勞動社會的形式（如私人勞動和雇傭勞動），來闡明現代經濟形式規則的成立原因及其運作方式。然而，在「馬克思經濟學」的範疇內，這些馬克思批判的關鍵要素不是被忽視，就是被認為在經濟學中無關緊要，被簡化為次要的敘述。價值論被轉化為缺乏商品形式論的世俗勞動價值論，貨幣論被轉化為缺乏價值形式論的交換過程論或貨幣功能論，而資本生產過程論則被簡化為無勞動論的剝削論。因此，「馬克思經濟學」陷入了「所有權基礎論」的窠臼，將資本主義經濟的根本特徵歸結於資本家對生產資料的私有制，卻忽略了資本主義生產方式的力量根源在於特定勞動形式不斷再生產的經濟規則。因此，在實踐層面，資本主義生產方式的克服也被簡化為對私有財產的徵用，甚至簡化為奪取支持私有制的國家權力。

很明顯地，對於高舉二十世紀政治主義旗幟的「馬克思主義」政黨而言，這種將政治經濟學批判世俗化的做法正合其意。然而，這樣的變革構想從一開始便注定了其局限性。如果說私人勞動催生了商品生產關係，雇傭勞動產出了資本，並不斷再生產資本主義的生產關係，那麼僅依靠外力如政治權力的強制，是無法從根本上改變這種生產關係的。必須透過社會運動與社會改革，長期性地從根本上改變生產方式。馬克思本人透過撰寫《資本論》以及國際間的實踐經驗，逐漸採取了更長期的變革展望，強調改善鬥爭的重要性以及對生產者工會等組織的重視。

物質代謝論與晚期的馬克思思想

如同丸山真男所指出，日本在透過「馬克思主義」導入現代思維模式的過程中，與「先進國家」有著不同的發展。儘管「馬克思主義」在日本的學術界占據了重要地位，但強調經濟形式規則的馬克思思想卻並未得到廣泛普及。然而，自一九七〇年代以來，隨著資本主義在歐美陷入長期停滯，現代主義逐漸在左派陣營中退潮，這種對馬克思政治經濟學批判的深入理解，開始在政治活動家與馬克思主義者中變得越來越有影響力。

馬克思的政治經濟學批判還有另一個重要的面向。缺乏形式分析的「經濟學」的問題，不僅僅在於它無法透過結合形式規則與具體素材來掌握資本主義生產方式的歷史特殊性。在這種結合過程中，具體邏輯概念的細節往往被忽略，結果只能以非常抽象的方式理解經濟現象的性質。「政治經濟學」的這一缺陷在古典經濟學的「收益遞減法則」或個體經濟學的「邊際產量遞減法則」中表現得尤為明顯。對經濟形式規則的批判性分析，是將形式與其具體素材分離的唯一有效途徑。只有透過這種途徑，我們才能具體理解這些素材在經濟關係中的意義，並深入把握其在資本主義體系中的實際作用。

近年來，隨著氣候變遷危機、全球疫情以及生物科技失控等威脅加劇，「物質代謝」（Stoffwechsel）這一概念逐漸受到重視。該詞原來用於生理學，描述有機體的生命循環活動，馬克思則將其引申為人類與自然間的物質循環。在《資本論》第一卷中，馬克思將勞動定義為「人類透過行為調節、規範並控制自然與其物質代謝的過程」。然而，在資本主義社會中，本應控制這一過程的勞動變成了以增加資本價值為目的的雇傭勞動，最終擾亂了永續的物質代謝。

從這個角度來看，共產主義不僅是有意識地控制生產與分配以實現人類自由的手段，更是「聯合起來的人類……合理控制物質代謝……並在最符合自己人性的條件下進行物質代謝」的社會（《資本論》第三部主要草稿）。晚年的馬克思超越了經濟學，深入研究農業化學、生理學、地質學、礦物學、植物學和有機化學等自然科學，以探討如何合理控制物質代謝的可能性。

此外，在初始生產力主義和歐洲中心主義的觀點中，似乎對於資本主義的解放有著過高的評價，晚年的馬克思也完全擺脫了這種觀點，高度評價前現代或非西方的共同體，並積極地將其置於自己的變革願景中。在晚年的最後寫給俄國革命家查蘇利奇的信稿中，馬克思否定了俄國共同體解體的必然，並指出俄國所繼承的「原始共同社會的生命力，比閃族人、希臘人、羅馬人的社會要強大得多，更不用說是與現代資本主義相比」。

此外馬克思還表示，「現在資本主義系統在西歐和美國，正與科學、社會大眾以及它所創造的生產力展開鬥爭」，對資本主義提出了更為嚴厲的批評。資本主義生產方式以最大化剩餘價值為目標，不僅與社會對立，也與以永續方式調控人類與自然間物質代謝的科學相違背，這使其與合理生產力的發展相對立。基於此認識，馬克思將農耕共同體定位為「俄羅斯社會再生的據點」，並轉向與前現代共同體合作以遏制資本主義的力量。

延伸閱讀

奧爾格・盧卡奇（György Lukács），城塚登、古田光譯，《歷史與階級意識：盧卡奇著作集九》（白水社，一九六八年）——雖然是近一百年前出版的著作，卻是最能闡明德意志唯心論與馬克思之間關係的書籍。此外本書展開的物化論也相當具有開創性。希望各位讀者能仔細閱讀

第四章「物化與無產階級意識」，不要被先入為主的觀念所誤導。

有井行夫，《馬克思是怎麼想的：資本的現象學》（櫻井書店，二〇一〇年）——看起來像是入門書，卻是一部非常艱深的著作。但若讀者能成功掌握其「理性內核」，就會對馬克思與黑格爾之間的關係有深刻的見解。

佐佐木隆治，《馬克思的資本論》（角川選書，二〇一八年）——《資本論》是眾所皆知的難懂之作，本著作盡可能簡單易懂地解說了《資本論》第一卷的商品論。若將本書閱讀完畢，應該就能理解馬克思的經濟學批判完成度之高。由於形式是引用原典予以解說，也可作為讀本使用。

齋藤幸平，《在大洪水之前：馬克思與行星的物質代謝》（堀之內出版，二〇一九年）——日本首位史上最年輕榮獲多伊徹紀念獎的著作——*Karl Marx's Ecosocialism*（New York :Monthly Review Press, 2017）的日文版。這本曠世巨作探討了馬克思的著作、草稿和書信，甚至是馬克思的研究筆記，闡明晚期馬克思深奧的物質代謝論。

CHAPTER

five

第五章
演化論與效益主義的道德論

神崎宣次

進化論と功利主義の道徳論

一、人類的由來、道德的起源

達爾文的演化論與道德的起源

地質學者查爾斯・羅伯特・達爾文（Charles Robert Darwin, 1809-1882）在《物種起源》（*On the Origin of Species*）等著作中提出了天擇與性擇理論。眾所周知，達爾文的演化論不僅影響了現代生物學，也廣泛影響了包括基因演算法等工學領域。可惜的是，這種「廣泛影響」也包含了一些不被社會接受的內容，比如曲解「適者生存」概念而發展出的優生學等。

順帶一提，演化論本身有時被視為「不受歡迎」的學說，特別是在與信仰相衝突時。舉例來說，調查顯示相當比例的美國人拒絕接受演化論，有些人甚至認為演化論否定了神創造萬物的觀念，試圖限制學校教授演化論。然而，天主教近年來表達的立場認為神創造萬物與演化論並不矛盾。根據松永俊男的研究，達爾文本人在一八六六年出版第四版《物種起源》時，便已認為天擇是一種與神關聯的自然現象。

根據演化論，人類與其他物種或自然之間的連續性延伸至各學科領域，並影響道德與倫理學。在《人類的由來與性擇》（*The Descent of Man, and Selection in Relation to Sex*, 1871）中，達爾文認為人類與動物的主要區別在於道德觀念與良知，但他同時指出，若動物的社會本能和智力發展至人類水平，也會具備道德觀念，這將原本的區別納入連續性的框架。此外，透過研究低等動物來理解人類精神能力，反映了倫理學生物學化或自然化的趨勢。

目前有幾個學術領域正推動倫理學的自然化，演化倫理學（evolutionary ethics）是其中具有代表性的例子。此外，運用腦神經科學與社會心理學方法研究道德判斷，也成為腦神經倫理學的一部分。舉例來說，對「電車難題」中人們的判斷展開研究，就是這一領域中最為人熟知的案例。

試圖以生物學基礎來解釋人類精神能力，包括道德判斷、推論能力或理性，顯示出這些能力具有一定的限制和傾向，反映了人類理性的有限性。當以演化論解釋道德起源時，強調的是人類道德在演化過程中，因適應偶然的環境因素而逐漸形塑，這說明道德並非自主產生，而是受到演化歷程的影響。

效益主義與直覺主義

約書亞・格林（Joshua Green, 1972-）是腦神經倫理學中極具代表性的研究者之一，他基於雙重歷程理論（Dual process theory）支持效益主義。該理論認為，人類在決策時有兩種模式：無意識的直覺反應和有意識的理性推論。由於篇幅有限，此處僅簡要介紹與本章相關的格林理論概要。人們對於為了拯救五個人而必須犧牲一個人的選擇感到厭惡的直覺反應，是人類在演化過程中為適應小群體生活所發展出的道德感。格林稱這種群體內的道德為「常識道德」。然而，當面臨不符合過去環境條件的情境或倫理問題，特別是不同群體之間的常識道德發生衝突時，常識道德便無法有效解決。格林認為，在此情況下，需要一種基於人類共通基礎的後設道德來調節彼此衝突的常識道德，而這正是基於事實與證據考量最佳結果的效益主義道德。

順帶一提，效益主義與直覺主義的對比並非現代才出現，在倫理思想史中也是一個極為重要的比較議題。由於直覺主義的立場多樣，難以提供一個簡單的定義，但為了達成本章說明的目的，根據兒玉聰的觀點，我們只需將其理解為「即便不考慮行為的後果，僅觀察行為本身即可判斷其對錯」。在當代倫理學中，與效益主義對立的是代表康德立場的義務論。然而，效益主義與義務論的對立直到二十世紀才成為主流。在此之前，與效益主義對立的主要是直覺主義。兒玉認為，效益主義與直覺主義的對立在十八世紀末期開始變得明顯，這正是邊沁等效益主義者活躍的時期。

作為一種延續至今的思想：效益主義

在此先簡要說明效益主義的內容。然而，各位讀者務必理解，本小節對效益主義的描述是基於現代觀點，未必完全符合邊沁等人在闡述其立場時所關注的理論旨趣。

首先，效益主義可歸類為現代術語中的結果主義（consequentialism）立場。結果主義的定義為「在對某行為或決策展開道德評價時，僅依據該行為或決策所產生的結果來加以判斷」。如此一來，便能更容易理解效益主義與直覺主義之間的對比。此外，效益主義不直接考慮與結果無關的資訊，如義務、權利或意圖，這使其與義務論形成對立。義務論的核心在於無論如何都不允許為了拯救五個人而犧牲其中任何一個人。

接著，效益主義也是一種最大化主義，主張只有能將結果最大化的選擇才符合道德。「最大幸福」一詞即是這一立場的象徵。然而，只有那些結果與其他選擇相同或更好的選擇才是道德的，反之，未能達到此結果的選擇則被視為不道德的。此主張也常被批評為過度要求。儘管如此，能帶來最佳結果的行為與決策被認為是正確的，這一論點既簡單又具說服力，難以反駁。此外，正如現代著名效益主義者彼得・辛格（Peter Singer, 1946-）在論及實際問題時所提出的，效益主義者有足夠的彈性接受那些暫時只能略微改善狀況的行為與決策，只要這些行為和決策的影響能持續累積，最終有望帶來最佳結果。

第三，效益主義追求的是整體的最大幸福，但其所謂的「整體的最大幸福」是指某行為或決策對所有個人幸福增減的總和。在此立場下，每個人的幸福都被平等對待，沒有特定個人的幸福被優先考量。基於這一觀點，效益主義也可以被視為是一種平等主義。

第四，基於上述特徵，效益主義並非僅僅接受傳統上被視為符合道德的行為，而是以最大幸福的角度對其展開批判，並提出變革的要求。就此而言，效益主義具備改革主義的面向。在後續章節中，還將進一步說明邊沁和彌爾在解決同性戀與女性在傳統社會地位等問題上的努力。

效益主義的改革主義面向無疑對人類社會的進步有所貢獻，但它也常被指責有時會踐踏被視為道德上重要的價值觀。批評者認為，效益主義為了實現最大化的結果，甚至不惜犧牲人權和平等，這被視為一種不合常理的立場，類似於為了拯救五個人而甘願犧牲一個人一樣。實際上，廣泛的倫理學研究領域中也有不少學者對效益主義表達過反感。

確實，效益主義在理論上並不排除為了多數人的重大利益而犧牲少數人的重大利益的可能性。然而，批評效益主義的批評者往往忽略了邊沁對生存、豐富、安全、平等這四個具效益性的次要目標的重視。

當然，效益主義並非一個毫無批判空間的立場。然而，如同以上所述，我們不應忽視效益主義具備的不易被駁倒的說服力。自邊沁以來，經過兩百餘年，它承受了來自不同觀點的批判與審視。即便效益主義未必符合每個人的喜好，它仍然作為一種強而有力的道德理論流傳至今。

實際上，效益主義至今仍被視為一個值得認真思考的對象。舉例來說，效益主義在有關動物倫理、海外援助以及人口論等當代實際問題的討論中發揮了重要作用。本章剩餘篇幅將探討邊沁與彌爾的思想，特別是邊沁的語言學研究書籍和彌爾的重要著作《邏輯學體系》（*A System of Logic*）的新譯本等，這些外國研究的日語譯本均屬高度專業的研究成果，並提供了介於本章內容與專業研究之間的學術橋梁。透過詳讀這些參考文獻，讀者應能對兩位哲學家的效益主義思想有更深入的理解。我將在剩餘篇幅中擷取並解釋邊沁與彌爾關於效益主義的論點，以便讀者做好準備，進一步挑戰並探討這些文獻。

二、邊沁的效益主義

傑瑞米・邊沁

傑瑞米・邊沁（Jeremy Bentham, 1748-1832）出生於倫敦，十二歲時被父親送進牛津大學學習法律。但他並沒有從事法律工作，而是撰寫有關法律與社會改革的文章。他在一七八〇年完成並在九年後出版的《道德與立法原理導論》（以下簡稱《導論》）中，系統性地闡述了他的效益主義理論。除了是一名效益主義者，邊沁廣為人知地包含他提出之監獄設施「全景敞視監獄」（panopticon），並要求在其死後將遺體作為「Auto-icon」保存並展示，而其遺體之後公開展出於倫敦大學學院。

效益原則

在《導論》中，邊沁以「自然將人類置於痛苦與快樂這兩者的支配下。只有痛苦與快樂會指示我們必須做什麼，並且決定我們接下來要做什麼」作為開端。在此，他將與我們行為的心理學決定因素相關的問題，與我們應如何行動的規範性問題，透過痛苦與快樂兩者連結在一起。不過，這兩類問題應該是性質不同的。如果我們每個人的行動都是被快樂和痛苦驅使，那麼主張應追求最大多數人的最大幸福，而非僅依訴個人的快樂與幸福的效益主義，便很難被人們接受為道德規範。因此，我們應再次確認邊沁的論點，看看他如何試圖建立這兩者之間的連結。為了方便說明，以下所用的語序與《導論》中的順序可能有所不同。

首先，讓我們將之前提到的幸福累積稱為效益計算。在與某行為或決策相關的效益計算中，幸福的增減都會被納入考量，而計算的對象則是當事者個人。效益性是行為與決策的一種屬性，它能為當事者帶來利益、快樂、幸福等（這些可視為同義），並能防止造成危害、痛苦、不幸等（這些亦可視為同義）。

效益原則主張，當某行為或決策增加了全體當事者的幸福時，該行為或決策應當得到認可；若減少了幸福，則應予否定。當某行為或決策增加全體當事者幸福的傾向大於減少幸福的傾向時，該行為即符合效益原則。只要某行為或決策符合效益原則，便應被視為必須執行且符合道德的行為，至少不會是不可做的事。因此，效益原則被視為判斷行為或決策是否符合道德的普遍判定標準。

問題在於，根據邊沁的觀點，效益原則本身並不需要證據支持，甚至無法也不必被證明。

因為效益原則是用來證明其他一切事物的起點，其正確性無法依賴其他事物來證明。

邊沁並未直接對效益主義展開證明，而是試圖以更間接的方式為其提供正當性。首先，他主張無論是誰，在檢討自己或他人的行為時，大多數情況下都會遵循效益原則，因此事實上已經接受了這一原理。接著，他向那些對效益原則感到不滿的人提出一系列問題，邀請他們思考不接受效益原則會帶來什麼後果。邊沁期望，透過對這些問題的深入思考，最終必然得出一個結論：除了效益主義之外，無法接受其他立場。

而他最後提出的一個問題，是要那些採納非效益原則的人們捫心自問，一個人是否真的有任何動機去遵循該原則的要求。然而，正如在卡塔吉娜・德拉薩里—拉戴克（Katarzyna de Lazari-Radek, 1975-）與彼得・辛格的合著作品中所指出的，這個問題也反映了邊沁自己效益原則的困境。邊沁在《導論》中提到快樂與痛苦的泉源——約束（Sanction）——作為行為和決策的動機基準，但這一論證同樣無法證明效益原則作為道德標準的正當性。接下來的一節將探討彌爾如何透過他廣為人知的論證來回答這一問題。

彼此對立之原理的反駁

作為間接論證，邊沁試圖反駁與效益原則對立的兩個原理——禁慾主義（asceticism）與同情與厭惡原理（the principle of sympathy and antipathy）。禁慾主義與效益原則一樣，根據行為對當事者幸福的增減來決定贊同或反對，但其立場卻與效益原則相反：它贊同幸福的減少，反對幸福的增加。邊沁認為，這種立場從根本上來說只是不正確地應用了效益原則。即使效益原則可以作為個人行為的規範，卻從未被徹底應用於社會治理。

同情與厭惡原理有時被認為與效益原則衝突，有時則不然。邊沁認為，在反對效益原則的眾多原理中，同情與厭惡原理似乎對統治的影響最大。他指出：「此原理否定了探求其他外部理由的必要，因為一個人贊成或反對某行為的本身就被視為足夠的理由。」值得注意的是，這種說法與前面提到的直覺主義簡單定義相符，即「即便不考慮行為結果，只觀察行為本身就能立即判斷其是否正確的方式。」邊沁批判同情與厭惡原理（以及直覺主義），正是因為它在不考慮行為結果的情況下，便草率作出道德判斷，屬於一種獨斷的立場。而關於道德標準的各種思想，邊沁認為都可追溯到同情與厭惡原理，像是沙夫茨伯里伯爵（Anthony Ashley-Cooper, 3rd Earl of Shaftesbury, 1671-1713）、哈奇森、休謨等道德思想家，以及那些主張自然法則者的立場。

效益計算的手續

順帶一提，邊沁後來將「效益性原則」改稱為「最大幸福原則」等表述。這一更改的原因在於，「效益性」一詞不像「幸福」那樣清楚地與快樂或痛苦相關聯，此外，這種改稱也旨在強調當事者數量這一重要因素，該因素對作為道德判斷標準的原則具有重大影響。

那麼，效益計算是如何根據效益原則來判斷行為是否符合道德的呢？邊沁將這個過程描述為一種類似演算法的操作。簡單來說，就是累積每位當事者所感受到的快樂與痛苦，然後計算出它們的加減結果。

在此，我們特別提請讀者注意，邊沁與彌爾的觀點有所不同。邊沁只討論快樂與痛苦的程度，並不區分其性質。他將各當事者的快樂與痛苦的強度、持續性、確定性、接近性、多產性及純粹性等要素融入效益計算的程序中，儘管這些因素都與個人快樂和痛苦的程度有關。

三、彌爾的效益主義

約翰・史都華・彌爾

約翰・史都華・彌爾（John Stuart Mill, 1806-1873）出生於倫敦，並在家接受父親的教育。他的父親詹姆斯・彌爾是邊沁的好友，也是其思想的推廣者。彌爾自三歲開始學習希臘文，八歲學習拉丁文，十三歲時便讀了當時出版的李嘉圖《政治經濟學與賦稅原理》（一八一七年）。此外，他還學習了歷史、數學和邏輯學等。十四歲時，他應邊沁的弟弟塞繆爾之邀，前往法國住了一年。返回英國後，他閱讀了邊沁的《刑事與民事立法論》（一八〇二年），並深受邊沁影響，甚至自稱因此成為了一個截然不同的人。十七歲時，彌爾進入東印度公司工作，這是他父親曾經任職的地方，直到一八五八年該公司喪失印度的統治權。一八二六年秋，他陷入了嚴重的精神危機，但透過閱讀馬蒙泰爾的《回憶錄》[1]而逐漸恢復，擺脫了危險的狀態。正因克服了這次危機，他終於擺脫了父親和邊沁壓倒性的影響。一八三〇年，他遇見哈莉特・泰勒，並於她丈夫過世兩年後的一八五一年結婚。據說哈莉特對彌爾的思想產生了極大的影響。

彌爾的著作包括一八五九年出版的《論自由》（*On Liberty*），以及《邏輯學體系》（*A System of Logic*, 1843）、《政治經濟學原理》（*Principle of political economy*, 1848）、《婦女的屈從》（*The Subjection of Women*, 1869），而《效益主義》（*Utilitarianism*）則出版於一八六一年。

彌爾眼中的邊沁

鑑於彌爾曾深受邊沁的影響，其後擺脫他的影響並開展了自己的效益主義思想，我們不妨先確認彌爾對邊沁思想的看法。因此，本小節將簡要探討彌爾於一八三八年發表的〈論邊沁〉一文的內容。

1 譯註：尚—佛杭索瓦・馬蒙泰爾（Jean-François Marmontel, 1723-1799），法國歷史學家及百科全書運動成員，出生於貧困家庭，從小受到耶穌會士的教育，展現了對學術的強烈興趣。晚年的馬蒙泰爾在《回憶錄》中生動描繪了自己的童年生活，特別是貧困背景與艱辛教育歷程，如何對自己的成長和未來的學術事業有著深遠影響。

彌爾首先讚揚邊沁為英格蘭改革的先驅，隨後指出邊沁對哲學的貢獻更多體現在他所運用的方法，而非其具體見解。舉例來說，將效益性作為道德基礎的理論並非嶄新的創見。邊沁本人也曾承認，他的思想源自休謨與愛爾維修，並指出「在每個時代的哲學中，都有一個效益主義的流派」。彌爾陳述邊沁的貢獻如下：

> 他將科學觀念中不可或缺的思考習慣與研究方法引入了道德學與政治學領域。儘管他的見解在很大程度上可能需要被否定，但即使這些見解全盤不被採用，他的方法依然具有不可替代的價值。

那麼，邊沁所擁有的「無可取代的價值」究竟體現在哪裡呢？彌爾指出，可以稱之為「細分法」。這種方法是在解決問題之前，先將其整體劃分為部分，並將抽象概念還原為具體事物來看待。彌爾進一步引用了自然科學的方法，並提及培根、霍布斯、洛克等人的名字，強調邊沁的創新不在於自然科學方法本身，而在於邊沁如何將這一方法應用於他的主題中，並嚴格遵循這一原則。

邊沁將此方法應用於倫理學與政治學，認為這些領域中的推論大都以固定的詞句來進行。自由、社會秩序、自然法則、社會契約等皆為固定詞句的例子。在他說明同情與厭惡原理的段落中，邊沁列舉了那些理論家，並認為他們在論證中使用了這些固定詞句。每當遇到這類議論時，邊沁總會「堅持探究它們的含義、是否訴諸了某種標準，或是否暗示了與該問題相關的事實問題」。如果找不到這些論點，他便認為這些論點是「論者在缺乏依據的情況下，試圖將自己的主觀感受強加給他人」。

彌爾認為這種態度是邊沁的一個缺點。他指出，邊沁擁有卓越的才能，能夠運用手中的材料構建系統性的思想，但對於他人思想缺乏正確的認識，甚至輕視蘇格拉底與柏拉圖，無法對他們做出公正的評價。此外，彌爾還提到邊沁的另一個缺點是，他缺乏對人類本性中情感與精神層面的理解。

這篇文章的結尾提到了邊沁的效益主義。關於效益原則，彌爾贊同邊沁的觀點，認為「一個行為的道德性取決於其結果」，而「這些結果的好壞主要以快樂與痛苦為衡量標準」。

然而，在此處，彌爾依然指出了邊沁的兩個問題。首先，正如前文所述，邊沁未能理解性格的形成以及行為對行為者自身精神結構的影響。其次，邊沁認為道德觀點是評判行為與性格的唯一方式，但彌爾認為人類行為具有道德、審美和同情三個面向，分別涉及行為的對錯、美感以及可愛性。

《效益主義》中的議論

接下來，我們來討論彌爾的效益主義理論。他在《效益主義》第一章中提到直覺主義，並將其定義為「道德原則是先驗且明確的，只要理解其含義，便不需要其他知識來支撐」。彌爾指出，與直覺主義相對的觀點認為，對錯的問題是基於觀察和經驗。他以康德為例，指出康德是先驗道德論者，但即便是康德的立場，也與行為結果的好壞有所關聯。

在第二章中，彌爾指出效益性指的是追求快樂與避免痛苦。效益主義是一種以效益原則或最大幸福原理為道德基礎的理論。在效益主義中，可以確認「行為的正確性與其促進幸福的傾向成正比，反之亦然」。

接著是關於快樂品質的討論。引用彌爾一句廣為人知但常被誤解的原話：「做個不滿足的人勝過當一頭滿足的豬；寧做不滿足的蘇格拉底，也強過當個滿足的傻子。如果那傻子或豬有不同意見，那是因為他們只知道自己那一面的事罷了。相比之下，另一方才真正了解雙方面的優劣。」對於這段話，有兩點需要澄清：首先，這裡並非單純比較豬與蘇格拉底。其次，因為人類與蘇格拉底都了解豬與傻子的快樂，即便快樂的數量較少，他們仍會選擇品質較高的快樂。換言之，兩種快樂的品質高低，應由體驗過這兩種快樂的人來評判。

在討論邊沁的章節中，提及了效益原則的正當性問題。對此，彌爾的看法是，他和邊沁一樣，認為效益原則在一般意義上不需要進一步證明。相反地，彌爾試圖為效益主義的主張增添說服力，試圖論證幸福是人們所期望的唯一目的。然而，彌爾所提出的論證未能成功達成他所設定的目標。

首先，彌爾試圖透過「可見」的證據來說明「受期望」的概念。他指出，既然可見性的唯一證據是人們確實能看到某物，同理，唯一能證明一件事物是受人期望的證據，就是人們實際上期望那樣的事物，而幸福正是人們所期望的。然而，這種論證方式未必能獲得廣泛的接受，因為這種比喻並不充分說明為何幸福應該成為唯一的道德基礎。

接下來的論述同樣存在值得商榷之處。為了支持效益主義，不僅需要證明幸福是受人期望的，還必須證明每個當事者的最大幸福都是值得期望的。彌爾試圖將「每個人的幸福對當事者而言是受期望的」轉換為「整體幸福對所有人而言都是受期望的」，但這一推論難以令人信服。正如德拉薩里－拉戴克和辛格所指出的，「即便我們對彌爾的陳述予以最寬鬆的解讀，其論述仍然相當鬆散，意涵經常不夠明確。」

四、小結

正如本章所述，邊沁和彌爾都未能為效益性作為道德第一原則提供正當性的證明，而且他們認為此類原則無法獲得直接的證明。他們提出的間接論證也未能令人滿意。另一方面，將當事者整體的最大幸福視為判斷對錯的標準，似乎具有某種直觀的說服力。然而，這一點在義務論等其他道德理論中同樣存在。那麼，應該如何展開相關的論證呢？

其中一種方案是，像達爾文和格林那樣，在道德理論中引入一個較低階的演化論或生物學基礎，並將其作為研究道德的第一原理。雖然這種研究方向能取得多大成功尚不明確，但至少可以肯定，它有助於發現更符合有限人類特性的道德理論。[2]

延伸閱讀

松永俊男，《查爾斯．達爾文的生涯：催生演化論的紳士社會》（朝日新聞出版，二〇〇九年）——若要了解達爾文的思想背景，本書是容易入手且易讀的一本著作。

卡塔吉娜．德拉薩里—拉戴克、彼得．辛格，森村進、森村環譯，《何謂效益主義》（*Utilitarianism: What Is It?*，岩波書店，二〇一八年）——辛格為代表現代的效益主義者，他是這本入門書的作者之一。包含邊沁與彌爾的立場，本書概述了與效益主義相關的話題，以及效益主義在今日之有用性與格林的論點等。但由於對格林論點之介紹過於緊湊，因此閱讀格林本人著作的譯本可能更容易理解。

兒玉聰，《效益與直覺：英美倫理思想史入門》（勁草書房，二〇一〇年）——本書從兩個角度討論了效益主義與直覺主義之間的衝突，包含邊沁與彌爾對直覺主義之批判在內的思想史以及現代話題。此外本書最後一章也提及了格林的議論。

菲利浦・史考費（Philip Schofield），川名雄一郎、小畑俊太郎譯，《邊沁：效益主義入門》（*Bentham: A Guide for the Perplexed*，慶應義塾大學出版會，二〇一三年）——對於那些希望親自研究邊沁思想的人來說，本書是一本很好的入門書。希望各位讀者可以閱讀卷末的讀書建議，以及小畑的譯者解說。

約翰・史都華・彌爾，川名雄一郎、山本圭一郎譯，《效益主義論集》（*Collected Essays on Utilitarianism*，京都大學學術出版會，二〇一〇年）——包括本章第三節討論〈論邊沁〉與《效益主義》，本文中彌爾的引用出自於此。此外，卷末的解說也非常有幫助。

2 本文中達爾文的引用引自長谷川真理子譯《人類的由來上》（講談社學術文庫，二〇一六年）。邊沁的引用來自關嘉彥責任編輯《邊沁、彌爾》（中央公論社，第七版，一九九七年）。

專欄三

史賓塞與社會演化論　橫山輝雄

赫伯特・史賓塞（Herbert Spencer, 1820-1903）是知名的社會演化論代表人物。「社會演化論」或「社會達爾文主義」通常被視為承襲達爾文的生物演化論，並「應用」或「擴展」至人類或社會的思想。史賓塞在世時似乎已經有這樣的認知，他在晚年的著作中提到，其實在達爾文提出演化論之前，他就已經主張了自己的演化論。在達爾文的《物種起源》（一八五九年）問世之前，已有如拉馬克演化論等各種演化理論。史賓塞的演化論屬於拉馬克式的發展論，主張「演化＝進步」。日文的「進化」一詞源於明治時期對史賓塞演化觀的理解，至今在日常生活中仍常與「進步」混淆，但這種邏輯與達爾文以天擇為基礎的演化論有本質上的不同。

史賓塞認為，不僅生物，人類、社會和文化也在進步與發展。他留下了多部著作，試圖在各個領域證明這一觀點，這對當時仍在發展中的考古學、人類學等學科產生了重大影響，並促成了以西歐白人文化為首的人種優劣論等觀點的出現。

史賓塞的社會演化論和文化演化論受到批評，被認為不過是隨意連結有利事實的產物。進入二十世紀後，文化相對主義在人類學中占主導地位，對於在單一發展框架中將各種文化加以排序的做法提出了反對意見。此外，人種優劣論和優生學在第二次世界大戰後受到嚴厲譴責，社會演化論因此被視為過去的錯誤。包括明治時期的日本在內，史賓塞在十九世紀後半被視為偉大的思想家，但到了二十世紀，他的聲望逐漸下降，甚至被視為達爾文的模仿者和通俗學者。達爾文的演化論被認為是一門正式的科學，而史賓塞的社會演化論卻被視為一種意識形態。這是因為將生物學等自然科學納入人文社會科學的做法被認為是一種禁忌。

但從一九七〇年代生命科學的時代開始以後，情況便有所改變。愛德華・奧斯本・威爾森（Edward Osborne Wilson, 1929-2021）的《社會生物學》（*Sociobiology*, 1975）問世之後，學界又開始積極地從生物學知識談論人類與文化，人類學與考古學中又再次出現了演化論的論點，自然主義式的人類觀也變得更加普遍。但這些論點都很謹慎，因不想被視為過往印象不佳的社會演化論之復興，他們主張自己是達爾文演化論作為一門科學的正統繼承人，與社會演化論毫無關聯。

CHAPTER

six

第六章

數學與邏輯學的革命

原田雅樹

数学と論理学の革命

一、前言

數學與哲學

在十九世紀的西方，數學發生了極大的變化，進而改變了邏輯學。作為哲學的一個分支，科學哲學和分析哲學在二十世紀得到了長足的發展，其原因之一無疑是十九世紀數學與邏輯學領域發生了堪稱革命的事件。所謂的事件，通常被認為是幾何學中非歐幾何的出現，以及為其概括的黎曼提出的微分幾何學，集合論中無限論的發展，以集合論為基礎之形式邏輯的系統化。至於這為何堪稱「革命」，因為它們從根本上推翻了康德對數學的論述，十九世紀上半葉，康德之數學相關論述曾被認為是最正統的哲學理解。

康德在其代表作《純粹理性批判》的理論理性分析中，將邏輯學的命題作為先驗的（先於所有經驗的）分析判斷（套套邏輯的判斷），另一方面將幾何學與算術的命題視為先驗綜合判斷命題（非單純套套邏輯的命題），它們分別在我們關於空間和時間的直覺中起作用。然而，非歐幾何的誕生，卻否定了直觀中賦予幾何學空間的空間唯一性。

此外，以集合論為基礎的形式邏輯的系統化，透過主張邏輯學與數學的連續性，否定了算術命題作為綜合判斷的特異性。自弗雷格到羅素的邏輯主義中，目的是將所有數學的命題還原至邏輯學的命題，但結果是徹底否定了數學真理作為先驗綜合判斷的邏輯學之獨立性。十九世紀西方世界數學的革命性的變化，大多被描述為與康德哲學的重大決裂，而本章在以康德的思想為基本參考的同時，將以另一種方式追溯十九世紀到二十世紀初葉的數學思考發展。

法國著名知識論哲學家儒勒・維耶曼（Jules Vuillemin, 1920-2001）以對羅素哲學的批判分析和對龐加萊科學哲學的解說而聞名，他在著作《代數的哲學》（一九六二年）中指出，費希特哲學克服了康德哲學關於感性被動性的難題，發現一種透過有限自我的運作來建構概念的方法。他在拉格朗日到伽羅瓦的代數方程式理論衍生的各種群論裡，發現以具體形式實現費希特哲學思想創新的路徑。對伽羅瓦理論的微分方程式理論擴充中而誕生的連續群李群，以及透過這些群重新建構幾何學是結構思考的產物，試圖闡明其關係與其「結構」。與主張和康德決裂的理解不同，維耶曼的解釋認為，康德哲學在哲學內部的方法論的轉換促成了數學的進步。他特別指出，從康德到費希特的哲學進展與平行思考的進程，促進了數學內部「具體抽象化」的發展。這些解釋呈現了哲學反思與深化數學的同類性，是一種極為有趣的看法。

十九世紀的數學

有鑑於上述的觀點，本章將根據維耶曼的思考，先簡單介紹康德與費希特與數學史相關的思想。之後再介紹一七七〇年拉格朗日的〈方程式代數解的思考〉（*Réflexions sur la résolution algébrique des équations*），到一八七〇年代克萊因的《埃爾蘭根綱領》（*Erlangen Program*）與李群誕生之間，群論的誕生及其發展。在此背景下，探討數學的抽象化過程與理論之深化，以及其理論向具體領域的延伸為何。

（一）關於從代數方程式之反思中誕生的群概念

在五次以上代數方程式中，代數究竟能不能給予公式解。如果不能，其理由又是為何？以下，我們首先回顧以此問題為中心的代數方程式理論史，從拉格朗日、高斯、阿貝爾到伽羅瓦理論的誕生。在此尤其須注意的是，伽羅瓦證明了五次以上代數方程式不存在代數公式解，這是超越高斯的幾何學直觀，透過明確地建立「群」之代數概念而得證的，其哲學意義相當重大。

（二）黎曼曲面的誕生與其嚴密化

下一個問題是黎曼曲面的思考方式，這是為了透過幾何圖像來理解多值的解析函數而誕生的。在此應注意的是黎曼透過幾何學的直觀，創造了具豐富數學概念的黎曼曲面。第二點，在黎曼之後，魏爾斯特拉斯與戴德金透過符號構造重新建構了黎曼曲面，其構造排除了黎曼曲面中的幾何學直觀，實現以分析學與代數學之概念嚴密化。第三點則是讓黎曼曲面之代數重組成為可能的代數函數理論，促成了數概念的重組。

（三）群的微分方程式理論與其在幾何學中的應用

最後介紹李連續群論，其試圖將透過代數方程式理論誕生之伽羅瓦理論應用至微分方程式理論，以及克萊因的《埃爾蘭根綱領》，試圖將群論推廣至幾何學。透過黎曼曲面的幾何圖形，介紹了對變數轉換的理解，如使函數不變的波形變換，以及微分方程式理論與群論之間的關係。在此基礎上，透過新誕生之代數學與分析學，將數學概念嚴密化，並使其結構明確，重新組成了幾何學。

在追溯十九世紀西方的數學史時，重要的並非每個術語的確切含義，而是各種概念在最初形成後向各種領域傳播的方式，以及其蛻變同時所創造的具體例子。而揭示這些結構的抽象概念之作法，與從康德到費希特哲學的哲學轉向有相似之處，不僅如此，更值得注意的是，其總是不斷地被拉回到數與幾何學的直觀，而此直觀與其具體性相關聯，創造了更豐富的概念。本章節闡述內容的中心，並非在哲學史相關之脈絡下經常被討論的微分幾何學、集合論與邏輯學，而是數學的概念史，以及關於群、對稱性，以及黎曼曲面作為複數函數幾何學的哲學問題。

二、從康德到費希特

康德的數學論

眾所周知地，康德的哲學體系包含了各種二元論。組成自然科學相關的理論之純粹理性，以及與道德相關的實踐理性；與純粹理性相關之現象世界，以及與實踐理性相關的物自身世界；純粹理性框架內中的悟性與感性（康德針對知性與感覺特別使用的用語）等等。在純粹理性的領域中，現象是感性的直觀所賦予的多面性，而悟性則透過範疇來控制它們。以悟性的範疇與感性直觀之兩個形式媒介的，是康德式的特殊用語，為「架構」中生產之構想力的作用。康德的著作《純粹理性批判》也論述了牛頓物理學如何合理化的問題，於悟性與感性之媒介的架構中，構成了一種適用於物理學之數學。

康德認為，人類的知性若無感官的幫助，不可能直觀地得到科學知識。直接掌握事物的直觀被定義為感性，而在經驗之前賦予人類主體的概念則被定義為悟性。物理學等學問才正是透過感性與悟性得以成立的，但概念無法直接應用於直觀上。因此，既非個別事物，也不是普遍原則，而是介於兩者之間的與一般相關之架構，成了感性與悟性，或是直觀與概念之間的中介場域。在這個架構下，產生了可適用於物理學的數學，因為該架構將純粹概念（純粹意味著無感受性的事性）變得直觀，也就是使其接受感受性的事物，並運用規則與推論規則來建構數學概念。

康德理論中的時間與空間，並非我們一般所認為之各種事件發生之「世界」的時間和空間，而是主體所持有的形式上的時間和空間，為現象被賦予之場域。時間為心理現象透過內在感覺呈現的場域，空間則為物理現象透過外在感覺呈現的場域。康德將如此的時間與空間稱為「直觀的純粹形式」。

在數學概念的組成中，空間與時間為直觀的純粹形式，其對於媒介感性與悟性之純粹形象化與架構化（如一般的三角形的形象及圖像之生成）究竟有何關聯？在幾何學與算術等數學領域中，數學概念是透過生產之構想力產生的架構媒介，將悟性中產生的概念純粹直觀化而構成的。生產之構想力將從根本上構成時間概念之規則應用於直觀，並將其架構化。而架構的必要性不只在於運用悟性衍生的範疇之規則連接悟性與感性，也必須將仍為其泉源之純粹概念與對象連結起來。

那麼，幾何學和算術的差異在哪裡呢？幾何圖形與數字概念都是在時間中適用各種規則而組成的。在此基礎上，幾何圖形附加了空間的具象，而數字概念則不需要產生具象。

綜上所述，數學的對象是在幾何學與算數中構成的，康德將這類型的對象組成稱為「直指的組成」。相對地，康德也說還有一種如代數中的「符號的組成」。算術的運算必然要求產出新的對象，而代數則將符號運算主題化，不須產生對象。代數的對象可以是任何滿足關係結構的事物。使代數成為可能的直觀形式是作為純粹內在直觀形式的時間，它從作為與外在感覺相關的直觀純粹形式之空間淨化出來。代數的淨化則更勝算數。代數概念以先驗的純粹生產之構想力呈現的形式，在時間中適用純粹的各種規則而組成。

費希特的《全部知識學的基礎》

費希特比康德小四十餘歲，是一位以克服康德哲學內中出現的各種困難為己任的哲學家。為了實現這個目標，他致力於消除康德哲學內的二元論。康德將現象世界與人類自由行為相關的「物自身世界」區分開來，也區分了悟性與感性，更將直觀的純粹形式劃分為與外在感覺相關的空間，以及與內在感覺相關的時間。費希特批判了康德的哲學體系，排除了康德式的「物自身」，將行為帶入自我的存在，並想到了一種意識運動，從感性中淨化悟性、從空間中淨化時間。

因此，費希特認為認知直觀擺脫了感性的被動性，其目標是一種不需要感性作為其內在構成方法的理性純粹活動。他並不像康德那樣把生產之構想力對純粹直觀的架構化視為感性與悟性的媒介，而是認為概念是由有限自我本身的運作所構成的，而生產之構想力導致對立面的總合。

費希特在其代表作《全部知識學的基礎》中，首先回溯了康德的哲學體系，透過各種辯證法，達到純粹自我的根本反思，甚至在其之上的哲學反思。對費希特而言，所謂的純粹自我是透過拋棄所有可拋棄的要素以限定自我的主動性，而其判斷對象也是可捨去的對象。這種自我對客體的揚棄造成了從基本反思到高等哲學反思的轉換，在此，自由會自我發生、產生。此外，在此過程中，透過概念的具體化，直觀也變得理智，從而使概念和直觀變得一致，此活動本身就是純粹自我的存在。

三、代數方程式理論到伽羅瓦理論

從拉格朗日經高斯、阿貝爾到伽羅瓦

在約瑟夫・路易士・拉格朗日（oseph-Louis Lagrange, 1736-1813）之前，人們已經找到了四次以下的代數方程式的公式解，也就是透過加減乘除與方根呈現之解的公式，但並未找到在五次以上的代數方程式的公式解。他雖也無法找到五次以上的代數方程式中發現代數的公式解，但他嘗試分析四次以下的方程式解法，思考五次以上的方程式無法求到解答的原因。他發現了方程式解法的本質在於透過解法的置換實現對稱。拉格朗日的代數方程式理論在其著作〈方程式代數解的思考〉中得到了發展。

該著作的第一步驟，從被賦予的代數方程式出發，試圖找到其解法，而第二步驟則是從被

世界哲學史 1

古代篇(I)哲學的起源：從智慧到愛智

世界哲學的起源，由西亞、印度、東方等各地宗教的傳統智慧，以及古希臘的「愛智學」交織而成。遠古的人類如何進行探索，思考自身存在的意義呢？

世界哲學史 2

古代篇(II)世界哲學的誕生：建立與發展

在羅馬、波斯與秦漢等歐亞各大帝國的時代，哲學如何隨著基督教、佛教、摩尼教、儒教等普世宗教蓬勃發展，演變為「世界哲學」？

世界哲學史 3

中世紀篇(I)中世紀哲學的革命：超越與普遍

西方哲學如何透過經院哲學等神學系統，開展全新的變化？伊斯蘭教與佛教又如何在古老的宗教傳統上發展全新的哲學？

世界哲學史 4

中世紀篇(II)中世紀哲學的重生：個人的覺醒

在中世紀的巔峰，人類開始覺醒，思考自身與世界的距離與定位。人類如何擺脫傳統神學與宗教束縛，以「個人」為出發點，追求全新的哲學觀？

世界哲學史 5

中世紀篇(III)巴洛克時代的哲學：新世界的衝擊

中世紀的晚期迎來大航海時代，推動以全球為範圍的文明交流，哲學因而發展並邁入全新的紀元。各種文明與思想的碰撞，將會產生什麼樣的火花？

第四章　近世經院哲學　第八章　近代朝鮮思想與日本

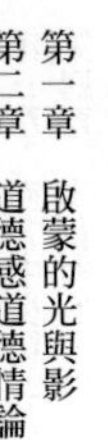

世界哲學史 6

近代篇（I）啟蒙時代的思想變革：理性與情感

近代的開端，肇始於十八世紀末的啟蒙運動。啟蒙運動所追求的人類理性與情感力量，如何推動世界哲學的發展，最終迎來前所未有的思想革命？

第一章　啟蒙的光與影
第二章　道德感道德情論
第三章　名為社會契約的邏輯
第四章　從啟蒙到革命
第五章　啟蒙與宗教
第六章　殖民地獨立思想
第七章　批判哲學的嘗試
第八章　伊斯蘭的啟蒙思想
第九章　中國的情感哲學
第十章　江戶時代的「情感」思想

世界哲學史 7

近代篇（II）近代哲學的演進：自由與歷史

近代的尾聲，是人類透過科學展現無窮力量的進步時刻。人類如何對自身的力量進行反思？又如何試圖突破意識型態的框架，追求真正的自由？

第一章　理性與自由
第二章　德意志的國族意識
第三章　批判西方的哲學
第四章　馬克思的資本主義批判
第五章　演化論與效益主義的道德論
第六章　數學與邏輯學的革命
第七章　「新世界」的自我意識
第八章　唯靈主論的變遷
第九章　近代印度的普遍思想
第十章　「文明」與近代日本

世界哲學史 8

現代篇　全球化時代的哲學：現代與後現代的對話

西方後現代的思潮、性別觀及批評理論，以及伊斯蘭世界、中國、日本、非洲等地的哲學發展，如何在今天分散且多元的全球化時代，探索人類的「智慧」？

第一章　分析哲學的興亡
第二章　歐洲的自我意識與不安
第三章　後現代或後結構主義的理論與倫理
第四章　女性主義思想及圍繞「女性」的政治
第五章　哲學與批判
第六章　現代伊斯蘭哲學
第七章　中國的現代哲學
第八章　日本哲學的連續性
第九章　亞細亞中的日本
第十章　現代非洲哲學
終　章　世界哲學史的展望

世界哲學史 9

別冊　開啟未來的哲學：回顧與前瞻

本冊第一部分收錄山內志朗、中島隆博、納富信留等三位編者的對談，以「世界哲學」為主題展開，討論本套書各冊內容的精華；第二部分則是以十三章的篇幅，探討與「世界哲學」概念相關、未在前八冊出現的課題。

第一部　世界哲學的過去、現在與未來
第一章　展望未來的哲學：回顧《世界哲學史》前八冊
第二章　邊境所見的世界哲學
第三章　作為世界哲學的日本哲學
第四章　世界哲學的形式與實踐

第二部　世界哲學史的延伸討論
第一章　笛卡兒的《論靈魂的激情》
第二章　傳入歐洲的中國哲學思想
第三章　西蒙·韋伊與鈴木大拙
第四章　印度邏輯學
第五章　伊斯蘭的語言哲學
第六章　道元的哲學
第七章　俄羅斯的現代哲學
第八章　義大利的現代哲學
第九章　現代的猶太哲學
第十章　納粹的農業思想
第十一章　後現代的世俗哲學
第十二章　蒙古的佛教與薩滿信仰
第十三章　正義論的哲學

$$(x^2+y^2)^2-2(x^2-y^2)=0$$

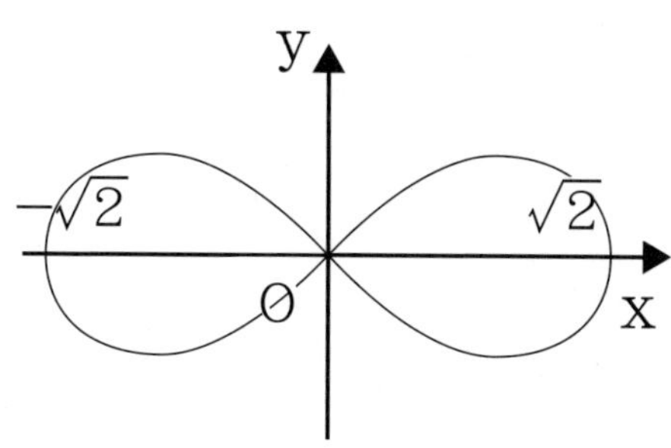

雙扭線（lemniscate）

賦予的解法出發，尋找有該解的代數方程式。第三步驟，則是透過置換解法以探究對稱性，從而揭示求出代數方程式的代數公式解的機制。也就是說，第一、第二步驟是以代數方程式為對象，而第三步驟卻將其捨去，透過置換解的操作將對稱性作為主題的方向。

在尋求代數方程式代數公式解的過程中，高斯證明了n次方程式在複數中擁有n個解。約翰・卡爾・腓特烈・高斯（Johann Carl Friedrich Gauß, 1777-1855）在其著作《算術研究》（*Disquisitiones Arithmeticae*, 1801）中，透過幾何學（基於作圖而組成的幾何學）證明了數論與代數問題。而關於五次以上代數方程式沒有公式解，受高斯二次互反律（Quadratic Reciprocity Law），以及方矩與圓規作圖之問題相關的分圓方程式理論的啟發，阿貝爾與伽羅瓦證明了五級以上的代數方程式沒有公式解。

尼爾斯・亨里克・阿貝爾（Niels Henrik Abel, 1802-1829）是一位數學家，他和高斯、卡爾・古斯塔夫・雅各布・雅可比（Carl Gustav Jacob Jacobi, 1804-1851）對於橢圓函數理論做出了重大貢獻，橢圓函數理論成為整個十九世界數學發現的主要來源。橢圓函數是由橢圓、雙曲線、雙扭線（兩點距離乘數為一定曲線的特例）的弧長計算得出的橢圓積分的反函數。將此橢圓函數與代數方程式理論連結的同時，阿貝爾證明了五次以上的代數方程式沒有代數的公式解。

接著，伽羅瓦闡明了由拉格朗日解的置換所產生的對稱性，也證明了五次以上的代數方程式沒有代數的公式解。他揭示了一個由為加減乘除之四則運算封閉的數的體系（今日稱為「體」），這個數系不隨解的交換而改變，從而解決了代數方程式的代數之可解性問題。伽羅瓦證明，透過置換解以分解對稱性的方法，以及原本代數方程式係數產生之數的體系添加方根所產生的數系之間存在著精確的對應關係。置換操作的分解列，以及透過方根使數系展開的序列之間，存在著正確的對應關係。四個以下的置換運算可以按照一定的簡單規律分解，但五個以上的置換運算卻不存在這樣的分解。藉此，伽羅瓦證明，五次以上的代數方程式中，不存在代數的公式解。

伽羅瓦理論成立前方法的變遷

使用代數方程式方根求出公式解的探究，從拉格朗日以前的方法到拉格朗日的方法的過程，與康德哲學轉換到費希特哲學的過程，兩者之間可以找到一種類似性。拉格朗日和費希特兩人不像康德那樣，把對象組成的可能性與經驗的可能性相提並論。拉格朗日與費希特分別將數學方法、哲學方法從感性的方向解放。也就是說，他們兩人都走向一種結構方法，不僅是以純粹的知性為存在與對象的主體，而是以形式和操作為主體。

伽羅瓦將上述依賴於高斯幾何學直觀的數學方法轉換為純粹的代數，同時解決了代數方程式可解性的問題。伽羅瓦採取之方法的重要性在於，它表明代數方程式的可解性可以歸因於解之置換的對稱性問題，甚至代數方程式可以被遺忘。置換運算本身作為數學對象而被主題化，並被視為一個封閉之「群」，具有與單位元素相乘和相逆的運算。此外，滿足加減乘除之四則運算的數系後來被戴德金命名為「體」。而伽羅瓦提出一種透過在起始的體（基礎體）添加方根來建構擴大體的方法。

四、伽羅瓦理論與群論，對函數理論、幾何學、微分方程式理論的擴展

導入黎曼曲面

在十九世紀中葉，解析函數理論雖取得了長足的進展，但仍存在一些重大問題，例如如何正確定義複變函數（此函數以複數為變數，一般來說函數值也是複數）的良好「解析性」，以及如何看待函數的多值性等。格奧爾格・弗雷德里希・伯恩哈德・黎曼（Georg Friedrich Bernhard Riemann, 1826-1866）在其博士學位論文〈單複變函數一般理論的基礎〉（一八五一年）中，首次將解析函數定義為從複數平面（將複數描繪成具有實數軸與虛數軸的二次元平面）的任何方向接近時皆具有相同微分係數之複變函數，並證明這類函數滿足今天的柯西—黎曼方程式。

在此解析性的條件下，黎曼透過一種幾何圖像（之後稱為黎曼曲面）將多值複變函數視為單值解析函數。關於黎曼曲面，其本質在於將複數上的多值函數解釋為有多個重疊的複數平面。若複數平面上的變數 z 在點 a（通常是函數值為零的點）的四周不斷旋轉，每回到相同變數值函數為不同值，那麼變數 z 的每次旋轉都被解釋為移動到了不同的複數平面上。點 a 被稱為分歧點，而所有分歧點四周都有類似的可量因素。以此解釋為基礎，我們建構了一個由變數定義區的一次元複數空間以及函數值區的一次元複數空間所組成的二次元複數空間。這種函數的幾何圖形即為黎曼曲面，而多值函數則被理解為單值的函數。

變數z的代數函數

若要組成R＝｛（z, w）$|w^2 = (z-a_1)(z-a_2)(z-a_3)$｝之黎曼曲面的橢圓曲線，除了兩片複數平面上的無限遠點外仍要作出兩個球面，並在a_1與無限遠點∞、a_2與a_3連接的線做出切口，使其連續並變形地連接起來。

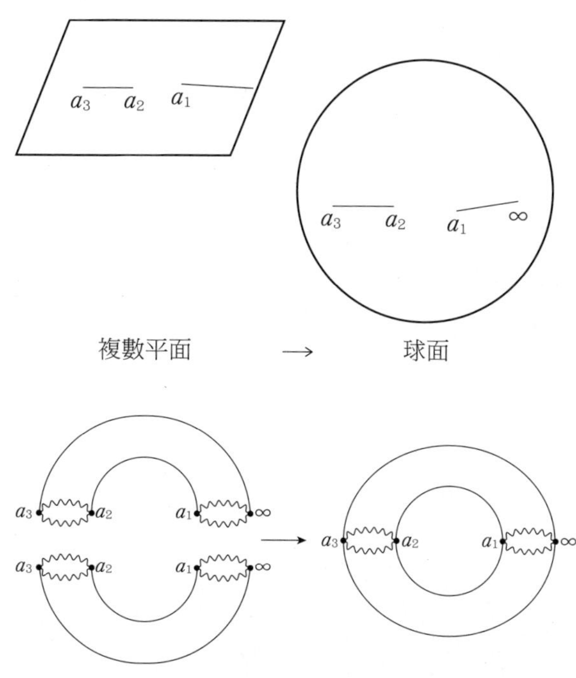

橢圓曲線的組成

此黎曼曲面中最單純的一點，就是在所有分歧點的四周中都擁有平方根因子的二值函數。其中不包含平方因子的一次，或取得二次之多項式平方根的二值函數之黎曼曲面為球面。此外，不包含平方因子的三次，或取得四次之多項式平方根的函數之黎曼曲面稱為橢圓曲線。橢圓曲線為一個洞的環面（甜甜圈狀的表面）。而橢圓積分則為此橢圓曲線，即沿著環面上路徑之積分。此看法大幅改變了迄今為止人們對橢圓積分的看法。

但卡爾・特奧多爾・威廉・魏爾斯特拉斯（Karl Theodor Wilhelm Weierstraß, 1815-1897）等將嚴密性作為數學基礎的數學家則認為數學中不應該使用黎曼之「面」這樣模稜兩可的概念。而他使用與橢圓積分反函數等值、稱為p函數的無限級數，發展了橢圓積分的理論。之後各種函數與群論的關係，則透過黎曼曲面的概念而慢慢被闡明。

黎曼曲面的「面」是什麼？在二次元乃至三次元之物理空間的類比下，高斯提出的複數平面與三次元空間內的曲面幾何學，可以透過感覺表象直觀。但是黎曼曲面作為一個重合數層的複數平面，或是埋入四次元空間（複數二次元）的二次元面，在嚴格的意義上，並不能在三次元空間中視覺化。因此，黎曼面臨著將黎曼曲面的之幾何學對象「面」，作為數學對象的需要。在這樣的脈絡下，黎曼在〈論幾何學的基礎假設〉（*Ueber die Hypothesen, welche der Geometrie zu Grunde liegen*, 1854）一文中，開始建構微分幾何學，其使曲面幾何學（三角形角度和大於一百八十度的幾何學）與雙曲幾何學（三角形角度和小於一百八十度的幾何學）等非歐幾何普遍化，而在此論文之取得教授資格的演講開頭，黎曼為了奠定空間概念的基礎，他提出了與現代集合、相位相關的「流形」之概念（與現代數學的流形概念不同）。

戴德金的代數函數理論與代數的抽象化

所謂的代數函數，指的是可定義為多項式函數為係數的代數方程式之根，其中也包含橢圓函數。而黎曼的弟子朱利葉斯・威廉・理查・戴德金（Julius Wilhelm Richard Dedekind, 1831-1916）不滿足於透過黎曼曲面解釋代數函數。另一方面，自一八七〇年代起，伽羅瓦理論開始被數學界採納。戴德金導入了「體」的概念的同時，也提出了伽羅瓦理論中的基本思維方式，即體是一個由加減乘除四則運算封閉的系統，如同有理數。關於某個體（基體），戴德金將其表現為可透過添加不包含於自身的元而產生為體擴張。於是，與這種體擴張（伽羅瓦擴張）相對應，有一個固定其的群（伽羅瓦群）是存在的。

有理數與整數的概念得到擴展，組成數的集合得以建構並逐漸擴大。就如同伽羅瓦在建構其理論時所介紹的，代數數體（代數的數，algebraic number field）是以整數為係數，以代數方程式之解呈現的複數，若代數方程式的最高次係數為一，便稱其為代數整數。且這些各自擴大了一般的有理數與整數的概念。戴德金與恩斯特・海因利希・韋伯（Heinrich Martin Weber, 1842-1913）進一步擴展了這個理論，建構了代數函數體理論，並將其引導至與代數體理論相似的有理數體。藉此，戴德金在代數數論的引導下建構了代數函數論，透過此理論，代數學被轉化為一門定義在任意對象之集合上的代數結構科學。函數之集合產生的體系，被理解為數之集合產生之體系的擴張。若從另一個角度來看，可以說數的概念在代數函數理論中得到了擴展。而這些正是戴德金走向實數基礎、自然數基礎，並進一步建構集合論的動力。

黎曼曲面可能只是類比上的意義，但其將函數變得「可見」。繼黎曼之後，魏爾斯特拉斯透過解析的方法；戴德金透過代數方法重構了黎曼曲面，藉此黎曼曲面的內在結構得以呈現。在此，結構僅由純化為函數對應關係的同型性而定義。而這種對應關係的體現，正是數學符號與代數的本質上的作用。在此，我們也可觀察到類似於從康德哲學到費希特哲學的轉移，這也可理解為康德哲學中透過費希特哲學從「直指的組成」到「符號的組成」的轉變。

埃爾蘭根綱領與李群的誕生

菲利克斯．克萊因（Felix Christian Klein, 1849-1925）在他的《埃爾蘭根綱領》中，主張幾何學的基礎在於變換群中的不變量——也就是呈現群之對稱性中，就其看法中結合了代數方程式理論與正多面體的對稱性。舉例來說，四次代數方程式的公式解與包含鏡像的正四面體活正六面體的對稱性有關。此外，雖然五次代數方程式沒有代數的公式解，但其解的公式與正二十面體的對稱性有關，可以用橢圓積分得出。克萊因透過這些研究體現了伽羅瓦群的幾何學意義，再透過自守轉換（令函數不變的變數轉換）建構了黎曼曲面，在其中闡明了其與雙曲幾何學的連結關係。另一方面，群論（單值群，monodromy）與微分方程式理論、伽羅瓦理論密切相關，而朱爾・亨利・龐加萊（Jules Henri Poincaré, 1854-1912）將群論與黎曼曲面連結，得到微分方程式理論的幾何學描繪。

馬里烏斯・索菲斯・李（Marius Sophus Lie, 1842-1899）在一八七〇年代為自己設下了一個課題，就是利用類似伽羅瓦理論的方法探究常微分方程式的求解條件。他的嘗試雖未成功，卻提出了有限維的連續群概念。從他關於微分方程式中出現的連續群的一般理論出發，李提出了在幾何學中舉足輕重的連續群，即今天所說的李群。這為夏爾・埃米爾・畢卡（Charles Émile Picard, 1856-1941）與厄內斯特・維蘇特（Ernest Vessiot, 1865-1952）打開了一條路，他們證明了代數方程式的代數解法與微分方程式的系統一般積分探究之間，存在著完美的類比關係。

克萊因認為，幾何空間的不同源於保持取率不變的變換群差異，曲率表示空間彎曲的「長度」或大小，在他的埃爾蘭根綱領中包含了非歐幾里德幾何學，如曲率為正的曲面幾何以及曲率為負的雙曲幾何學。另外曲率零的空間為歐幾里得幾何學的空間。但對此，他不認為黎曼提出的微分幾何學很重要，因為空間依位置而有不同的曲率，而從該空間無法取出不變量。但微分幾何學被用於物理學家阿爾伯特・愛因斯坦（Albert Einstein, 1879-1955）於一九一五年發現之廣義相對論的物理性時空上。此外，數學家赫爾曼・克勞斯・胡戈・外爾（Hermann Klaus Hugo Weyl,

1885-1955）與埃利・約瑟夫・卡當（Élie Joseph Cartan, 1869-1951）透過微分幾何學內在的李群闡明了其空間的對稱性。如此，微分幾何學透過埃爾蘭根綱領的變換群而被包含在幾何學的觀點中。

五、小結

十九世紀數學究竟為何

本章節圍繞著群的概念，探討了數學中的抽象性與結構表現。但這種抽象並非單向的，而是始終包含著重組與數字或幾何學直覺相關的數學概念的契機。換句話說，數學中的抽象化在此意義上是一種具體的抽象。讓我們在此再次回顧。

十九世紀中葉，高斯和黎曼等人創造了與數論、幾何學直覺相關的數學，雖然橢圓函數與黎曼曲面等概念仍有一些模糊之處，但仍為各種數學概念提供了肥沃土壤。另一方面，伽羅瓦理論誕生於十九世紀初，卻被埋沒了一段時間。在此情況下，十九世紀中葉過後，數學為了獲得其自主性，要求概念的明確化、證明的嚴正化，於是開始嘗試建構公理化的數學，不給模糊不清之直觀任何餘地。

黎曼為空間概念導入了與現代集合和相位相連的概念——「流形」，將非歐幾何普遍化，並開始建構微分幾何學以處理內在歪曲的空間。漸漸地，伽羅瓦理論的重要性也被戴德金等人所注意，嶄新的代數概念出現。在此狀況下誕生了一種潮流，就是魏爾斯特拉斯與戴德金所帶來的數學證明的嚴密化、解析學的代數化與算術化。戴德金考量了透過加法與乘法等代數運算而封閉的集合，並非考量一個一個函數。也就是說，其在代數函數的集合中加入了體、環等理想（Ideal）的代數結構，定義了代數函數體與代數函數環等概念。這些就是戴德金等人創造集合論的動機。另一方面，格奧爾格・費迪南德・路德維希・菲利普・康托爾（Georg Ferdinand Ludwig Philipp Cantor, 1845-1918）採取了源自三角函數之無限級數研究的解析手法，成功地對於無限集合有了更深的了解。

在此脈絡下，弗雷德里希・路德維希・戈特洛布・弗雷格（Friedrich Ludwig Gottlob Frege）創立了符號邏輯學，試圖將數學還原至邏輯學中。弗雷格於一八七九年導入的「概念文字」（Begriffsschrift）旨在排除推理鏈中的所有直覺，從而將算數建立在邏輯學的基礎上。此外，大衛・希爾伯特（德文：David Hilbert, 1862-1943）在其出版的《幾何基礎》（*The Foundations of Geometry*, 1899）中，證明幾何學的無矛盾性可歸諸於算術的無矛盾性後，將數學的基礎置於算術的無矛盾性證明裡，其目的是從公理系統出發，用有限的步證明一個系統中的所有。

這些抽象的形式化確實令人嘆為觀止，但與此同時，我們也不能遺忘透過高斯與黎曼等人發展起來的直觀與幾何學直觀的數學概念重要性。數學概念越是嚴謹，概念所擁有的豐富性反而會為之降低。為此，曾警告過眾人不要將數學嚴格形式化的龐加萊等數學家。而實際上，在數學實踐中，不同的數學各種領域的概念會複雜地彼此影響、相互交織而誕生新的概念。而十九世紀的數學及邏輯學等形式科學的革命，就在如此的狀況下被轉交給了二十世紀。

延伸閱讀

金森修編，《知識論》（慶應義塾大學出版會，二〇一三年）——於原田雅樹撰寫的第二章〈維耶曼的「代數哲學」〉中，介紹並解說了本章提到的哲學家儒勒・維耶曼之著作。此外本書收錄許多著作，如卡瓦耶斯與格蘭傑等極具代表性的法國知識論哲學家，說明了他們針對數學與哲學是以何種形式展開了其思想。

下村寅太郎，《科學史的哲學（下村寅太郎著作集I 數理哲學、科學史的哲學）》（Misuzu書房，一九八八年）——作者為京都學派的哲學家，以數學與科學為題材建構了辯證法。在本書中，在數學史、自然科學歷史與哲學史發展的關係，尤其是對於近代數學，作者針對微分幾何學、群論與哲學唯心論的關係展開了探討。

朱爾・亨利・龐加萊，吉田洋一譯，《科學與方法》（*Science and Method*，岩波文庫，一九五三年）——龐加萊為法國數學家，對於二十世紀的科學哲學、法國知識論帶來了極大的影響，本著作中他闡述了他對數學與自然科學的思想。閱讀本作能清楚了解十九世紀末到二十世紀初數學的變化，也可以了解作者對於算術的直觀主義、對於幾何學的約定主義等哲學立場。

加藤文元，《故事數學的歷史》（中公新書，二〇〇九年）——本書綜覽了從古代巴比倫尼亞、埃及、希臘到二十世紀數學家格羅滕迪克的數學史，也充分地呈現作者身為數學家對於數學的看法。本書展示了誕生於十九世紀的數學理論，如伽羅瓦理論與黎曼曲面如何對於在「結構」的基礎上重建了空間概念之二十世紀數學帶來的影響。

伊恩・哈金（Ian Hacking），《為什麼數學是哲學問題》（*Why Is There Philosophy of Mathematics at All?*，金子洋之、大西琢朗譯，森北出版，二〇一七年）——作者是一位受到英美分析哲學與法國知識論（尤其是米歇爾・傅柯）影響的哲學家。作者認為所謂分析哲學類的數學哲學與實際的數學之間存在著極大的鴻溝，他記載各種數學風格，並探究了嶄新數學哲學的可能性。

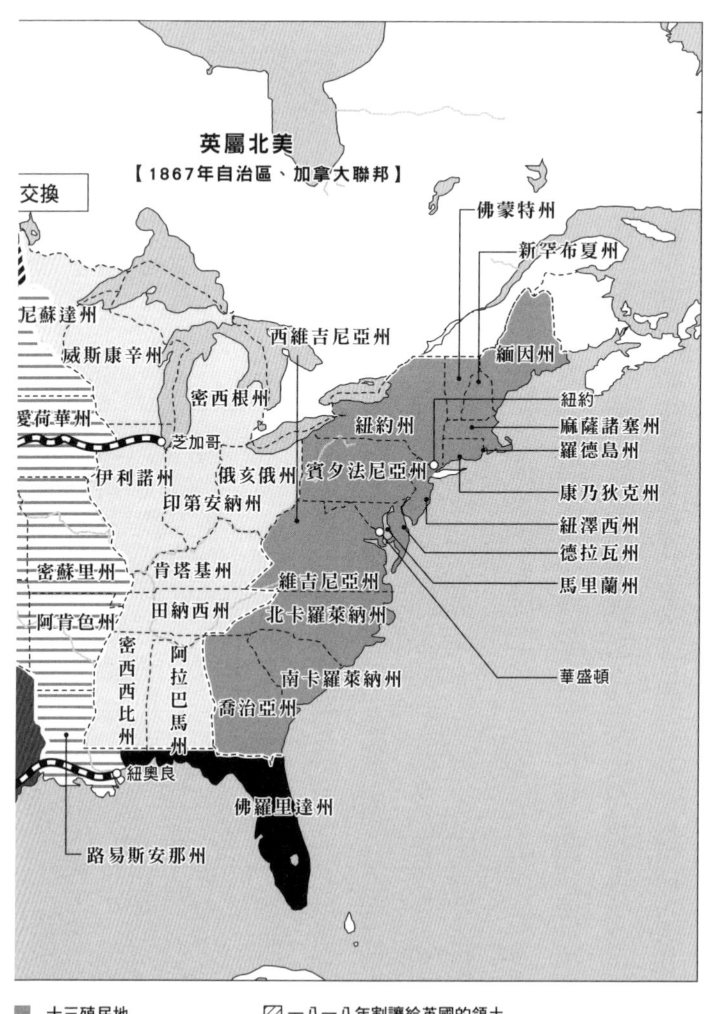

十三殖民地
一七八三年簽訂《巴黎和約》而從英國獲得的領土
一八三六年獨立／1845年合併的領土
一八一八年割讓給英國的領土
一八〇三年自法國買下的領土
一八四八年因美墨戰爭獲得的領土
一八一九年自西班牙買下的領土

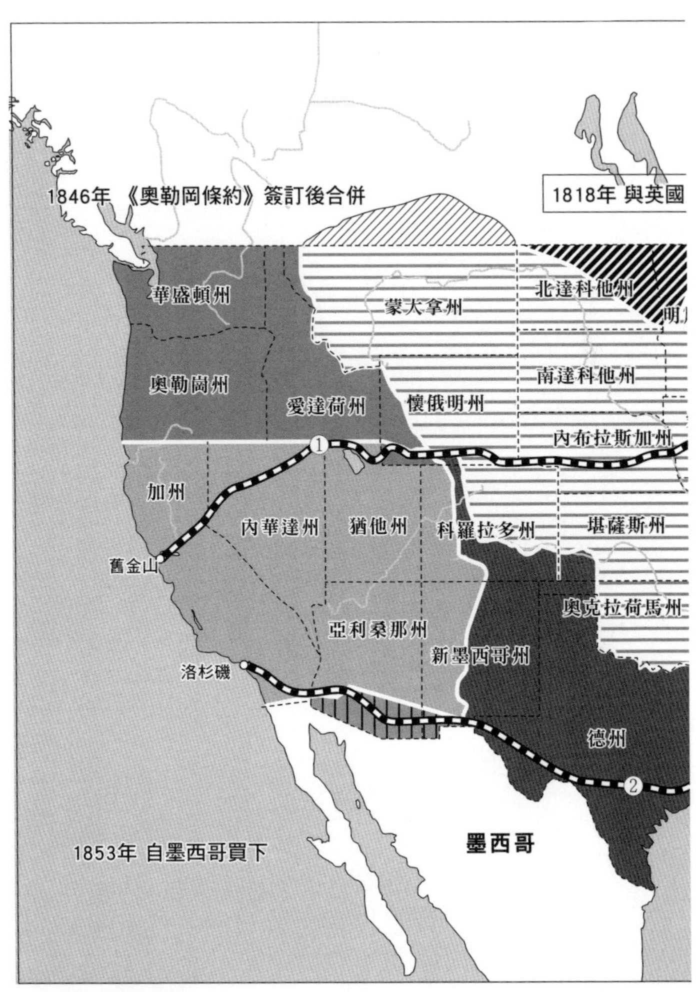

美利堅合眾國的發展

州分界線 白線 購買或獲得的界線

① 聯合、中央太平洋鐵路（一八六九）

② 南太平洋鐵路（一八八三）

美利堅合眾國的歷史發展

專欄四
十九世紀俄羅斯與共苦的感性／谷壽美

俄羅斯一直被西方世界視為思想的邊境，自十八世紀以來，其歷史便與邁向西歐及與西歐對峙的狀態密切相關。俄羅斯從模仿西方開始，透過引進其思想而認識彼此的差異，並在吸收、同化與批判之間徘徊，形成了獨特的各種思想。日本被迫開國的時間比彼得大帝的歐化改革晚了將近一個半世紀，但在西歐文明傳入之後，日本與俄羅斯在某些方面各有相似之處，也存在著明顯的差異。

在俄羅斯，被派往西歐留學並學成歸國的年輕人中，拉季舍夫（Aleksandr Radishchev, 1749-1802）以受到思想啟迪的視角看到了祖國農奴的悲慘遭遇，並滿懷同情地撰寫了一本批判社會不公的書籍。他隨即被流放而去世，但在二十五年後，一群名為德卡布里斯的青年軍官為了廢除農奴制和追求政治改革而發起了起義，最終有一百二十一人被流放至西伯利亞。隨後，德卡布里斯的妻子等人也追隨他們的腳步，前往流放地附近居住。二十八歲的杜斯妥也夫斯基因捲入彼得拉舍夫斯基事件而被囚禁在歐姆斯克，他從德卡布里斯的妻子等人手中獲得了一本聖經。毫無疑問，在近五年的苦役生活中，這本聖經對身為作家的他具有極大的意義。

對遭受凌虐者的同情是作家的出發點，這也是俄羅斯知識分子的共同感受。十九世紀後半，民粹主義運動開始從內部著手，試圖改變人民的苦難。然而，該運動最終分裂並轉向恐怖主義，導致了一八八一年俄皇的遇刺。在此背景下，哲學家索洛維約夫（Vladimir Solovyov, 1853-1900）提倡應該赦免暗殺者的死刑。在杜斯妥也夫斯基葬禮後不久的一次演講中，他表示俄皇可以體現基督的教誨，原諒罪犯，隨後卻受到可能被流放至西伯利亞的警告。此後，俄羅斯進入了動盪期，隨著大戰的爆發，時代變得如同地獄。然而，筆者想在此指出一點。

無論革命時期的排他性最終帶來什麼結局，很明顯，俄羅斯人民對變革的願望始於分擔他人痛苦的同情。西歐的思想強調自由與自律的開明社會，充分理解並探討同情的重要性。然而，將他人的痛苦視為自己的痛苦，並實際地將其轉化為世世代代的行動，這一點在日本的佛教教義中也得到了體現，尤其是在慈悲與無我的教導下。自明治時期以來，與西歐的接觸所構建的哲學領域中，關心他人、優先考慮他者的思想是否得到了突出的強調？對於僅僅關注個人或自我證明的索洛維約夫而言，他提出了這樣的問題：「在一切造成痛苦的毀滅中，自己能否享受幸福？」如同宮澤賢治從《法華經》的精神出發，這位俄羅斯哲學家透過基督教精神來批判西歐哲學、追求全一的世界，在感性的傳承上，他們是獨立的個體，卻並非孤獨存在。

CHAPTER

seven

7

第七章

「新世界」的自我意識　小川仁志

「新世界」という自己意識

一、何謂實用主義

在新世界美國誕生的哲學

新世界孕育新思想。當美國這個「新世界」在十八世紀誕生時，實用主義也在此應運而生。因此，將實用主義視為對舊世界歐洲所萌芽的新自我意識，並不為過。

過去，歐洲在近世初期，從神的世界轉變為人類的世界，創造出了適合新世界的思想，這便是以法國哲學家笛卡兒為象徵的確實知識觀。該觀點主張，人類可以透過探究的結果達到確實的知識。在某種意義上，實用主義可視為一種試圖超越源於笛卡兒的歐洲哲學的努力。因此，實用主義的主要特徵之一就是反笛卡兒主義，這絕非偶然。

實際上，到了二十世紀，美國確實跨越了這道來自歐洲的高牆。那麼，一個建國不過一百二十餘年的國家，是如何從無到有，成為世界首屈一指的政治和經濟強國的呢？或許我們可以認為，這是因為實用主義誕生於這個國家，並在這個動盪的新世界中得以實踐所帶來的結果。

沒錯，實用主義是一種旨在實踐的哲學。然而，自然地，與其他哲學一樣，實用主義也存在各種不同的立場，並沒有統一的定義。不過，由於實用主義（pragmatism）中的「pragma」一詞源於希臘文（意為「行為」與「實踐」），毫無疑問，這是一種重視實踐的哲學。

這就是為什麼它有時也被翻譯為「實用主義」，即這是一種透過實踐展開實際應用的哲學。過去哲學的目的在於探究知識與真理，而實用主義則可以視為將既有的知識與真理作為解決問題的實踐手段。在這一點上，它是一種比起動機和過程，更加重視結果的結果主義。

既然美國正是從無到有地解決各種問題，並不斷取得成果，因此前段關於美國透過奉行實用主義而取得成功的假設，應該是切中要點的。

實用主義的歷史

在學術界，作為一種思想的實用主義可追溯至十九世紀末。此後，經歷了幾個階段，實用主義至今仍在不斷發展。這段歷史大致上可以劃分為三個部分。

首先是十九世紀末到二十世紀初葉在美國形成的「古典實用主義」。其中心人物有查爾斯・桑德斯・帕爾斯、威廉・詹姆斯和約翰・杜威等人。接下來是在二十世紀後半以美國為中心而傳遍西方世界的「新實用主義」（Neopragmatism）。而此時期的中心人物有威拉德・范・奧曼・蒯因（Willard van Orman Quine, 1908-2000）、理察・麥凱・羅蒂（Richard McKay Rorty, 1931-2007）、希拉蕊・懷特哈爾・普特南（Hilary Whitehall Putnam, 1926-2016）等等。

此外，在二十一世紀的當下，名為「新型實用主義」（New pragmatism）的新潮流正在萌芽。儘管目前尚未出現公認的中心人物，但我們應該可以舉出謝莉爾・傑恩・米薩克（Cheryl Jayne Misak, 1961-）與羅伯特・博伊斯・布蘭登（Robert Boyce Brandom, 1950-）兩位。米薩克承襲了帕爾斯的古典實用主義思想特徵，並推動對其的重新評價，試圖將實用主義推廣至全世界；而布蘭登則受教於羅蒂，對其新實用主義思想提出批判，成為其思想的繼承者。在這個意義上，他們兩位哲學家代表了一個新的學術階段。

從根本上來說，如果要全面了解實用主義不斷演變的整體思想，我們還應該關注上述的新實用主義與二十一世紀的思想潮流。然而，考慮到這將會偏離本章的主旨，因此這裡將重點介紹那些建立了實用主義雛形，並為新世界帶來新自我意識的古典實用主義者，最後再簡要概述實用主義現在與未來的發展。實際上，可以毫不誇張地說，當今對實用主義的討論，正是在重新評價這些古典實用主義者思想的背景下展開的攻防戰。

與舊世界哲學的差異

在概觀帕爾斯、詹姆斯、杜威等古典實用主義者的個人思想之前，我們必須先確認實用主義與舊世界歐洲傳統哲學之間的不同。在此，我們將重點討論實用主義的兩個最大公約數：第一是前面提到的反笛卡兒主義，第二則是否定事實與價值之間的區別，藉此思考它們與舊世界哲學的差異。

之前的小節提到，反笛卡兒主義就是否定以笛卡兒哲學為象徵的確實知識觀。也就是說，實用主義者對於「探究的結果能讓人類抵達確實的知識」這一主張提出了異議。特別是帕爾斯斷言，抵達這種確實知識的過程不可能像笛卡兒所設想的那樣過度懷疑，即全盤放棄自己的信念。

杜威同樣站在反笛卡兒主義的立場。他批評以笛卡兒為代表的歐洲哲學，將認知者定位為單純的旁觀者。杜威認為，我們並不是像旁觀者那樣從外部觀察世界來獲取知識，而是在進入世界的過程中進行創造。

那麼，否定事實與價值的區別又是什麼意思呢？在以往的歐洲哲學中，事實與價值被視為截然不同的兩個概念。如果將事實替換為真理，將價值替換為有用性，這樣更有助於我們理解：某個想法是否正確，與它是否有用，是截然不同的問題。

但實用主義的主張並非如此。以詹姆斯為例，他認為真理僅僅是一種有助於引導行為的工具，而不是信念與事實之間的對應關係。換句話說，某個觀點是否具備有用性，決定了它是否被認為是真理。關於這一看法，杜威也持相同意見，他認為能夠解決問題的知識才是真理，並提倡了「工具主義」（Instrumentalism）。

從上述的反笛卡兒主義以及否定事實與價值之間的區別這兩個特徵可以看出，實用主義比起正確性，更重視確認正確與否的方法。那麼，其方法論又是如何發展和確立的呢？接下來將依時間順序一一說明。

二、帕爾斯

實用主義之父

在本章開頭，我們介紹了實用主義是新世界中萌芽的自我意識所帶來的結果。而這種意識最早在十九世紀後半的美國新英格蘭具體成形。當時，美國的科學能力正逐漸超越舊世界的歐洲，同時在思想領域，人們也追求嶄新的思維方式，以對抗象徵舊世界的神學院傳統。

這一運動的核心推動者是哈佛大學。實用主義之父查爾斯．帕爾斯在哈佛大學學習科學與哲學，最終提出了實用主義的原型理論。當然，這並不是他靈機一動而無中生有的想法。就像所有的思想與發明一樣，這一理論是在與同時代學者的切磋與交流中得到啟發的。就實用主義的發展而言，「形上學俱樂部」（Metaphysical Club）就是這一交流的場所，實際上，詹姆斯也是這個讀書會的成員之一。

經過交流，帕爾斯首先對以笛卡兒為象徵的舊世界哲學提出異議，他認為笛卡兒所主張的完全懷疑論是不可能實現的。笛卡兒主張，為了發現真理，應先完全懷疑一切。藉此，他在絕對確定性之基礎上提出了「我思」（cogito），即代表著「我」的概念。建立了如此堅固的基礎之後，接下來只需在此基礎上不斷累加各種知識即可。

然而，帕爾斯認為，人類並不會天生採取如此懷疑，真正的懷疑是在擁有某種信念並試圖按照該信念行動時所產生的疑問。由於人類是受各種行為欲望驅使，並且是一種持續行動的生物，因此應根據信念以及對信念的懷疑，創造出新的信念，這一過程將不斷重複。

如果是這樣的話，既然所有信念都不可能是確定的，那麼作為其基礎的真理概念也不應該存在。為了回答這個問題，帕爾斯最終提出了他的方法——實用主義。

實用的原則

帕爾斯在此也批判了笛卡兒所主張的原則。笛卡兒主張以清晰明確的概念作為真理的基準，但帕爾斯認為這僅僅是個人的主觀看法。這意味著，作為真理基準的清晰明確概念本身是值得商榷的。取而代之，帕爾斯提倡了以下的「實用原則」：

> 我們所擁有的概念對象會產生某種效果，如果我們認為該效果可能實際上會對行動產生影響，那麼這究竟是什麼樣的效果，應該仔細思量。透過此思量對該效果得到我們具備的概念，該對象就是我們擁有之概念的一切。（帕爾斯，〈讓我們的概念更明確的方法〉，植木豊編譯，《實用主義古典全集》第七章，頁一八二）

重點在於，應該仔細思量對象對行動帶來影響時的效果。帕爾斯指出，思考的清晰明確與形成行動方針之間有著非常密切的關聯。也就是說，我們的思考內容必須從行動是否具有意義的角度來明確化。舉例來說，若某個物體被描述為「堅硬」，則意味著當我們對其「刮削」時，它能夠產生「無刮傷痕跡」的效果。

在闡明了何謂真正明確的概念後，帕爾斯接著討論從中可得出的真理的內容。對於帕爾斯而言，什麼是真正符合明確化思考的真理探究方法呢？

帕爾斯在此提出的是科學探究的方法。他深信對於人類而言，科學是最可靠的知識體系。因為科學透過歸納推論、溯因推論以及演繹推論等多種推論方法相互補強，從而導出答案。此外，一般而言，科學並不是單靠個人的理性，而是由許多探究者共同推動的，科學的世界如同研究人員的同好會。

因此，對於帕爾斯來說，真理是在探究共同體這個理念組織中，經過持續探究後找到的一個收斂點，作為最終的信念。換句話說，帕爾斯認為真理是探究者們共同努力提升那些可能錯誤的信念的可靠性，並最終達成的一種共識。

在舊世界歐洲，真理被視為原本就存在的概念，而在新世界美國，卻成為一種被創造出來的概念。這也預示著世界主角的更替，從已經存在的歐洲轉向正在形塑中的美國。

三、詹姆斯

有用性的真理

實用主義作為帕爾斯對世界提出質疑的嶄新哲學，但不可否認的是，由於他信奉科學，這一思想僅在狹隘的領域中得以應用。如果實用主義以其最初的形式被後人繼承，也許就不會出現後來的重大發展。

然而，歷史並非如此，因為實用主義在其誕生的早期階段就被大幅重新定義。有人認為，實用主義應該是一種能夠應用於更多領域的思想。經過重新定義的實用主義變得更加有影響力，反而更像是正統的實用主義。

就某種意義而言，這也是因為重新定義它的人物——威廉・詹姆斯的影響力遠超過帕爾斯。他是帕爾斯的盟友，並致力於推廣帕爾斯所提出的實用主義。然而，由於詹姆斯本身也專攻心理學和宗教學，他認為實用主義可以以更接近人類科學的形式得到更廣泛的應用。

此外，詹姆斯作為哈佛大學的教授，已經是當時美國首屈一指的哲學家。相較之下，帕爾斯僅是在數所大學擔任過講師。因此，一般大眾自然地接受了詹姆斯所提出的實用主義，並認為這才是正統的內容。或許正因如此，儘管帕爾斯的思想具有潛力，但卻不如詹姆斯和杜威的思想那樣受到重視。

由於詹姆斯重新定義的實用主義受到廣泛接受，帕爾斯對此情況感到不滿，因此他將自己的實用主義稱為「Pragmaticism」以便區分。詹姆斯和帕爾斯的論點之間最大的不同在於，正如前段所指出的，帕爾斯並不將信念問題的範圍侷限於科學的探究。然而，從帕爾斯的角度來看，這是一種可能會否定實用主義存在理由的擴大詮釋。因為與以往的哲學不同，帕爾斯之所以提出實用主義，是因為他認為有必要像科學一樣探究明確性。

然而，詹姆斯認為，相信某事物的精神動力不應僅限於科學。基於此，他在作為哲學家的最初著作《信念意志》（*The Will to Believe*, 1896）中提出，無論在什麼領域，人類都有「相信的權利」，而且無論相信的對象是什麼，這一權利都適用。因此，當我們將該對象稱為真理時，這究竟代表了什麼意義呢？

詹姆斯認為，這一點只有在之後才會顯現出意義。也就是說，即便信念一開始並不被認為是真理亦無妨。只要在實際應用的過程中確認其有用性，並最終認定其為真理即可。因此，詹姆斯得出結論，認為信念之所以被視為真理，是因為它具備實用價值。

居時，關於真理，各位可以說：「它是有用的，因為那是真理。」也可以說：「它是真理，因為那是有用的。」而這兩種說法的意思是一樣的，意指這是一個可以實現真理化的概念。（威廉·詹姆斯，《實用主義》，田啟三郎譯，岩波文庫，頁二〇三）

當然，詹姆斯的真理觀受到了許多批評。根據詹姆斯的觀點，真理和有用性被視為同一個層級的概念，而這無疑混淆了事實與價值之間的區別。

對此，詹姆斯提出了反駁，他認為過去哲學以事實與價值的區別為前提本身就存在問題。也就是說，儘管過去的哲學區分了事實與價值，並在這種二分法的基礎上探討了各種思維的對立，但仍未得出明確的結論。因此，更應該認為，這只是一種超越理性的性質上的對立。

純粹經驗

若如詹姆斯所說，事實與價值的區別將不再是絕對的。換句話說，人類不再只是掌握某種事實並對其賦予價值的存在。一般而言，我們稱之為經驗，而在這種意義下的經驗也將不再存在；不如說，經驗只是對個體質的感受。因此，詹姆斯在《徹底經驗論》（*Essays in Radical Empiricism*, 1912）等著作中，將這些經驗概念以新的名稱——「純粹經驗」（pure experience）來稱呼。

換句話說，這是在我們意識到經驗本身之前，就已經獨立存在的經驗。而我們所經驗的世界，原本就是由這些純粹經驗所構成的。在這裡，不但不存在事實與價值的區別，也沒有主觀與客觀的分別。

若以其他方式描述，所謂的純粹經驗是構成世界萬物的唯一質料。以知道某事物的經驗為例，純粹經驗可以指透過該經驗而獲得的意識，也可以是被感知的內容。實際上，這兩者只是同一事件的兩種不同表述。

其實，這一純粹經驗的概念對日本著名哲學家西田幾多郎（一八七〇—一九四五）也產生了很大的啟發，他在當時的主要著作《善的研究》中也有所論述。新世界的自我意識不僅在政治與經濟領域產生影響，在思想層面上也開始對日本產生影響。

這種純粹經驗的新概念，可以說是由無數個純粹經驗集結而成的整體，也可以被描述為個別純粹經驗變化的總體。因此，它是不斷變化和流動的，經驗之間既相互連結，又相互分離。也就是說，我們日常所經歷的只是世界的一部分。基於此，詹姆斯主張多元論。如果我們的經驗僅僅是部分的話，那麼將整個世界以一元論的方式統一描繪根本不可能。世界是由經驗之間多樣的連結和分離交織而成的。詹姆斯將這種自我創造的世界觀稱為「多元宇宙論」。

藉此，實用主義以一種真正多元的方式得到了發展，作為一種理論，它已趨近完整。正因如此，二十世紀的實用主義實際上是在探討詹姆斯所提出的命題的領域。

四、杜威

實用主義的實踐

如前幾個小節所述，帕爾斯發現了實用主義，而詹姆斯則充分拓展了實用主義的可能性，但這些可能性仍建立在邏輯的基礎上。實用主義的字源來自行為與實踐，為了使其真正得以實現，付諸實踐是必須的。只有在實踐之後，實用主義才能成為一種活生生的哲學。

對此做出最大貢獻的是約翰．杜威。他不僅是實用主義的實踐者，還成為這一哲學體系的完成者。杜威與實用主義的相遇可以追溯到他的學生時代，當時他選修了帕爾斯的邏輯學課程，受到了深刻的影響。在此基礎上，杜威試圖發展帕爾斯探究的邏輯學。

他繼承了帕爾斯的反笛卡兒主義，對過去哲學將認知者僅定位為單純旁觀者的立場提出了異議。在杜威以滯日時期的演講內容所著的《哲學改造》（*Reconstruction in Philosophy*, 1933）中，他詳細闡述了這一觀點。他認為，我們是透過進入世界而獲得知識，而不是以旁觀者的身分從外部獲取知識。

舉例來說，當我們面臨問題時，會嘗試透過自己的探究來克服困難，而信念正是在這個過程中形成的。基於這些前提，杜威確立了人類如何形成信念的理論。在這方面，杜威與帕爾斯一樣，認為只有當信念在客觀上能夠被信賴時，它才會屹立不搖。因此，他提出了一種透過科學探究展開推論的方法。

具體而言，杜威在《我們如何思考》（*How We Think*, 1933）及《邏輯：探究理論》（*Logic: The Theory of Inquiry*, 1938）等著作中提出了五個探究的階段：①不確定的狀況，②提出問題，③形成假設，④推論，⑤檢驗假設。也就是說，當我們周圍的事物發生變化而不知道該如何應對時，我們會將其視為一種問題情境。接著，關於如何應對這種情況，人們會設想解決問題的方式，並透過觀察來預測解決方案，這便是形成假設。然後，我們會透過演繹法展開推論，修正該假設，並予以實際檢驗。

若檢驗成功，原先的不確定狀況就轉變為確定。換句話說，這時假說就獲得了「保證」，因此杜威將這種狀態稱為「有保證的主張」（warranted assertibility）。他之所以不稱之為信念，是因為「信念」聽起來更像是一種主觀的心理狀態。

但據杜威的說法，這種有保證的主張無論如何都不可能是絕對的。因為只要這些探究是透過語言來進行，它們就無可避免地反映了社會的習慣因素，不能說是永恆不變的。

正因如此，我們必須將探究的結果付諸於共同體的討論，並對其展開評估。因此，杜威的實用主義開始應用於教育和更民主的實踐。在這裡，可以清楚地看到詹姆斯對實用主義的影響，因為詹姆斯正是將實用主義的應用領域擴展到人類科學的人。

解決問題

杜威更積極地將實用主義應用於社會中的道德判斷與政治判斷，因為他認為這些判斷可以透過實驗來檢驗。對杜威而言，這種探究的態度正是民主主義的精髓所在。

為此，他首先在芝加哥大學創辦了一所實驗小學，將實用主義應用於學校教育中。他認為，比起在學校學到的知識本身的意義，更重要的是如何將這些知識運用於社會中。因此，學習內容必須更貼近實際社會的需求，烹調、裁縫、木工等科目也被積極納入教學內容。

此外，他改變了教育方法，從單純聽講的被動型教育，轉變為讓學生主動動手和思考的教育方式。因此，杜威被譽為「解決問題型」教育的先驅。他摒棄了過去面朝教師、以相同方向排列的小型課桌，導入了讓學生能彼此面對面坐的大型工作桌，這使得動手做事和討論變得更加容易。教育也逐漸成為民主主義中不可或缺的一部分。

> 因為民主社會否認基於外在權威的原理，必須從自發的傾向和興趣中找到替代的思維，而這只能透過教育來實現。（杜威，《民主主義與教育》松野安男譯，岩波文庫，頁一四二）

杜威將學校視為「小型的共同體、正在萌芽的社會」，並將其定位為孕育民主主義的場域。他希望透過教育重新建構民主主義，因此也期待「公眾」（the Public）以民主的方式解決各種社會問題。在當前價值觀多元的時代，這種期待作為突破社會僵局的一張王牌，仍在不斷增強。

實際上，杜威將知識視為工具的工具主義本身，也被用作解決問題的手段，甚至有人試圖將其應用於解決社會問題和商業挑戰。美國之所以成為創新大國，與杜威的實用主義有著密切的關係。

五、持續演化的實用主義

新生實用主義

綜上所述，希望讀者能對實用主義有一個基本的了解，並認識到這一思想是有助於闡明「新世界」自我意識的理念。然而，就如本章開頭所介紹的，實用主義在此之後也持續不斷地發展。

具體而言，實用主義可分為二十世紀後半非常興盛的「新實用主義」和二十一世紀的「當代實用主義」。在二十世紀初，美國實用主義的全盛時期，來自歐洲的邏輯實證主義（logical positivism）思想以吞噬實用主義的形式廣泛傳播。

因篇幅所限，無法詳細闡述邏輯實證主義的內容，但概括而言，它是一種重視語言邏輯分析的立場，認為只有在經驗中實際觀察和驗證過的事物才是有效的認知。「新實用主義」可以說是為了對抗邏輯實證主義而發展出的思想。

實際上，如蒯因、羅蒂、普特南等核心人物皆以某種形式參與了邏輯實證主義。邏輯實證主義與實用主義最大的差異在於，前者並不認為真理中包含價值等因素。然而，正如我們在詹姆斯的實用主義中所闡述的，事實與價值的二分法是實用主義難以接受的前提。羅蒂和普特南的論點特別強調了這一點。

羅蒂認為客觀真理只是人們能夠以團結的形式共享的信念，他提出了「客觀性就是團結的別稱」的命題。另一方面，普特南在經歷了幾次思想轉換後，基於事實、理論和價值判斷之間的互相關聯，否定了科學主義，最終提出了自然實在論（natural realism）的立場。

他們保護了在「新世界」中萌芽的自我意識，使其免受邏輯實證主義的影響，並將這一自我意識轉化為更加緻密的思想。直到二十一世紀的今天，實用主義仍然作為一種有生命力的思想，繼續受到廣泛的研究和發展，這一切都可歸功於「新實用主義」使實用主義得以細緻化的過程。

新實用主義

另一方面，最近的「新型實用主義」潮流可以被視為這一闡釋過程的延伸。這個新名稱源自於論文集《新型實用主義》（*New Pragmatists*），該書於二〇〇七年由牛津大學出版社出版。米薩克擔任此論文集的編輯，宣言要對羅蒂等人的新實用主義展開檢視與批判。在此背景下，我們應關注的重點是他對帕爾斯、詹姆斯和杜威等古典實用主義觀點的重新評價。

二十一世紀是一個危機四伏的時代，面臨恐怖主義、經濟落差、金融危機、環境問題、全球流行病等挑戰。就連世界強國美國也陷入了這些危機之中。因此，我們需要決定如何看待事態發展，如何解釋當前情勢，並基於這些內容採取行動。正是在這樣的危機中，實用主義得以發揮其真正的力量。前述的米薩克尖銳地指出了這一點：

> 實用主義的核心思想關乎於人類陷入的困境。我們必須說明我們的實踐和概念，包含自己知識論規範和標準，而且我們必須運用這些實踐、概念、規範、基準。這正是實用主義的使命，也如同我們所看到的，實用主義的傳統中，具備著履行此使命的各種方法。（謝莉爾·傑恩·米薩克，《實用主義的一路走來下集》加藤隆文譯，勁草書房，頁二二四）

實用主義作為一種實踐的哲學，試圖承擔拯救我們的使命。就如同每當美國陷入危機時，人們會回顧其建國精神並加以省思，作為美國的精神支柱，而實用主義在面臨危機時也可能尋求回歸古典實用主義。因此，現在比以往任何時候都更需重新檢視「新世界」的自我意識。

延伸閱讀

伊藤邦武，《實用主義入門》（筑摩新書，二〇一六年）——本書著眼於歷史的變遷並全面地解說了實用主義整體思想的入門書籍。也詳細介紹了新實用主義與新實用主義。

加賀裕郎、高頭直樹、新茂之編，《為了學習實用主義的人》（世界思想社，二〇一七年）——此入門書籍不只介紹了各個重要人物，更依各現代主題談論了實用主義的發展。附有參考文獻，資訊豐富。

謝莉爾・傑恩・米薩克，加藤隆文譯，《實用主義的一路走來（上、下集）》（勁草書房，二〇一九年）——作者引領著新實用主義，有系統性地解說實用主義。若想從二十一世紀的觀點理解實用主義，本書是最佳選擇。

《現代思想（特輯）：現在為何要談實用主義》二〇一五年七月號（青土社，二〇一五年）——雖然較艱深，但本誌蒐羅可清楚了解實用主義現代意義的論文。推薦給想要挑戰的讀者。

CHAPTER

eight

8

第八章
唯靈主義的變遷

三宅岳史

スピリチュアリスムの変遷

一、唯靈主義的歷史背景

法國大革命的遺產

法國大革命推翻了階級制度和封建制度等「舊制度」，擺脫了宗教精神的統治，帶來了自由和平等的曙光，然而也引發了同樣深重的黑暗。最嚴重的是，這場本應建立在理性基礎上的革命，原本應該引領人們走向和平與穩定，卻最終導致了恐怖統治和獨裁政權，為法國帶來了殺戮與動盪。

法國從此陷入了「兩個法國的紛爭」，一方是守護傳統價值的勢力（王權派與天主教勢力），另一方是繼承革命成果的勢力（共和派與反天主教勢力）。這種分裂持續了近一個世紀，使法國人民深陷苦難。如何應對法國大革命所留下的社會動盪，成為十九世紀法國哲學的基本前提。唯靈主義作為本章的主題，也不例外，這個問題始終是其演變過程中的首要議題之一。

「唯靈主義」的起源

唯靈主義（spiritualisme）這個詞語尾的「isme」（法文中的isme等同於英文的ism），代表「XX主義」或「XX論」的思想立場。這個詞有時也會被翻譯為「唯心論」，但在這種情況下，其意思是「只有精神是真正存在的」（即精神一元論）。該立場確實反對將精神還原為物質，然而，由於它也包含一種承認物質與精神同樣實際存在的觀點（如二元論或多元論），因此近來多以「唯靈主義」來表示。

在哲學與思想史中，「ＸＸ主義」與「ＸＸ論」這類術語經常出現。需要注意的是，這些詞彙有時用來表達自身的觀點與主張，但更多時候是用於批判對手。此外，「ＸＸ主義」有時被後人用來回顧過去的歷史，有時這些詞彙甚至會超出（或偏離）哲學家本人的意圖而廣泛流傳。（詳情請參閱川口，〈十九世紀法國哲學的潮流〉）

此處提及的唯靈主義也具有這樣的特徵。在哲學史上，唯靈主義通常被概括為十九世紀至二十世紀法國思想脈絡中的一部分，代表人物包括梅曼・德・比朗（Maine de Biran, 1766-1824）和亨利・柏格森（Henri Bergson, 1859-1941）。然而，這只是一種便於分類的概括，「唯靈主義」一詞在不同時代、不同立場及語境下，其語義內容大不相同。近年來的研究指出，唯靈主義的發展趨勢多元，並非單一的思想路徑。研究還揭示了其內部的分歧、斷裂以及平行發展的現象，有時甚至與後世的牽強解釋或其他思想運動交織在一起。因此，本章以「變遷」來介紹唯靈主義，正是因為這些思想內容的豐富性。（著眼於此脈絡的研究有各種著作，如杉山直樹，《柏格森：聽診的經驗論》創文社，二〇〇六年）

在科學與宗教的狹縫中

唯靈主義匯聚了多種思想動向，因此難以明確定義其內容，但筆者希望在此大致把握其定位。如前所述，十九世紀的法國社會一分為二，這一分裂也對法國的哲學與思想產生了影響。當時的傳統守護勢力，如約瑟夫・德・邁斯特（Joseph-Marie, Comte de Maistre, 1753-1821）、路易・德・博納爾德（Louis Gabriel Ambroise, Vicomte de Bonald, 1754-1840）、費利西泰・羅貝爾・德拉梅內（Félicité-Robert de Lamennais, 1782-1854）等人，這些傳統主義者在上帝與神聖的價值中尋求社會整合的原理。他們展開思想運動，試圖在維護傳統價值的基礎上，務實地改革天主教與傳統社會。

另一方面，聖西門（Comte de Saint-Simon, 1760-1825）與奧古斯特・孔德（Auguste Comte, 1798-1857）的目標是以理性來整合社會，他們所推崇的是科學與技術。孔德創立社會學，正是為了替社會帶來秩序與進步，而這一思想得到了約瑟夫・歐內斯特・勒南（Joseph Ernest Renan, 1823-1892）與伊波利特・阿道夫・丹納（Hippolyte Adolphe Taine, 1828-1893）等人所提倡的科學主義的延續。

唯靈主義則是一種試圖調和宗教與科學的立場，並未完全站在二者的對立面。其基本傾向可以觀察到是以科學為基礎，試圖闡明科學無法探究的精神與生命層面。尤其是在心理學和生物學的領域中，唯靈主義對實證科學產生了重要影響。不過，當時生物學這一名詞才剛出現，心理學也尚未成為一門科學學科。作為科學的心理學之形成過程，與唯靈主義的發展之間存在著對立與相互影響的關係。

與康德哲學的距離

然而，將科學與宗教的定位如此簡化過於粗略。實際上，十九世紀的法國還存在著與唯靈主義相似但又有所不同的思想潮流。如夏爾・伯納德・雷諾維耶（Charles Bernard Renouvier, 1815-1903）、奧克塔夫・哈梅林（Octave Hamelin, 1856-1907）等人的新批判主義，以及儒勒・來希烈（Jules Lachelier, 1832-1918）、儒勒・拉紐（Jules Lagneau, 1851-1894）所代表的反思哲學。

若以康德哲學為輔助線，這些思想流派與唯靈主義的差異將更為清晰。康德透過純粹理性的二律背反等論述，指出科學知識的有效性僅限於現象界，並否定了討論物自身的形上學及實在論的可能性。新批判主義與反思哲學沿著康德的知識論框架發展，雷諾維耶與萊昂・布倫斯威克（Leon Brunschvicg, 1869-1944）專注於探討現象，刻意避免追溯至事物本身。

一般而言，唯靈主義試圖避開康德的結論，其目標在於建立有關實際存在（尤其是精神與生命）的形上學，從而探討科學所無法闡明的精神與生命層面。唯靈主義的部分關注與德意志唯心論重疊，並實際受到其一定影響。然而，唯靈主義也試圖透過與德意志唯心論截然不同的途徑來跨越康德的這道高牆。

二、梅曼・德・比朗

觀念學與生物學的影響

梅曼・德・比朗經歷了大革命和帝國時期，並在君主復辟的混亂時代中擔任過地方與國家議員等職務。比朗在工作之餘持續探索哲學，並以獲獎論文、日記和書信等形式留下不少作品。他一生出版的僅有〈思維能力對習慣的影響〉（*Influence de l'habitude sur la faculté de penser*, 1802）等少數作品，雖然曾有人建議將其獲獎論文刊行，但因為許多原稿尚未完成，因此最終未能發行。

在比朗的時代，孔狄亞克的哲學盛行一時，其方法論廣泛應用於當時的科學領域，如拉瓦節的化學和拉馬克的動物學等。孔狄亞克的哲學否定了人類與生俱來的概念，更徹底地發展了洛克的經驗論，並試圖以單純的感官體驗來解釋人類的各種能力。

孔狄亞克之後，德斯蒂・德・特拉西（Antoine Louis Claude Destutt de Tracy, 1754-1836）與皮埃爾・尚・喬治・卡巴尼斯（Pierre Jean Georges Cabanis, 1757-1808）承繼了其方法論。特拉西將這種方法論稱為「觀念學」（法語：idéologie）[1]。觀念學的內容多與心理學重疊，但其目標遠超出心理學的範疇，意圖提供一種方法論基礎，將所有事物分解為感覺經驗，並以此為基礎建構萬事萬物，從而統合各種學科領域。

比朗在形成其獨自的哲學過程中，除了受到此觀念學的影響，同時也吸收了生物學與醫學的知識。當時巴特（Paul-Joseph Barthez, 1734-1806）與畢厦（Marie François Xavier Bichat, 1771-1802）以實驗方法研究生命的獨特性，認為生命不能簡單地歸結為物理與化學現象，並奠定了基於生機論（Vitalism）的生物學，成為一門新學科。在此基礎上，卡巴尼斯（Jean Louis Cabanis, 1816-1906）發展出以生理學為基礎的觀念學，從生物學角度來分析人類思想。

自我的意志與身體的抵抗

一般而言，比朗的哲學可分為三個時期。前期階段，直到《思維能力對習慣的影響》為止，仍強烈受到觀念學的影響；中期階段，比朗逐步確立了其獨特的哲學思想，並撰寫了〈思維的分析〉（*Mémoire sur la décomposition de la pensée*, 1802）、〈直接的感覺〉（*La perception immédiate*, 1807）等論文，直到一八一二年前後〈心理學基礎〉（*Essai sur les fondements de la psychologie*, 1812）的執

1 譯註：特拉西提出的「觀念學」，是一門試圖剖析人類思想與知識形成過程的方法論，旨在將所有知識歸結於感覺經驗，並從這些經驗建構出一套完整的知識體系。在中文裡，「idéologie」常被翻譯為「意識形態」，尤其是在它用來表述一種社會或政治觀念系統。這時的「意識形態」不僅僅是意味著一種分析方法，更是影響人們價值觀、行為和信仰的信念結構。

筆中斷為止；晚期階段，則在〈人類學新論〉（*Nouveaux Essais d'anthropologie*, 1823-24）等作品中展現出更強的宗教傾向。其中，比朗的中期階段特別被稱為「比朗主義」（Biranisme）。

比朗在前期階段仍受觀念學的影響，但在《思維能力對習慣的影響》中已展現出他獨特的見解。他將人類經驗區分為被動的感覺和涉及主動運動的知覺。這種區別在日文中也可以看到，例如「聞く」（聽）與「聴く」（聆聽）的差異。人的感覺常隨著重複的刺激逐漸減弱，例如逐漸適應嘈雜街道的噪音；相對地，知覺則會隨著反覆而更加清晰，例如反覆聆聽同一作曲家的相似曲目後，逐漸能夠辨別出每首曲名。

觀念學只能從外部觀察人類，無法闡明人類的主動性與意志作用，而這正是比朗關注的焦點。比朗將主動的意志與對內在自我經驗的觀察相結合，從而形成了他獨特的哲學體系——比朗主義。

比朗認為，必須區分被動的感覺與主動的意志，前者無法引發後者。即便不依賴外在感官，也能感知到意志運動中的「我」的存在，比朗將此現象稱為「內部感覺」（sens intime）。在這種感覺中，我的身體（即固有身體）必然成為意志所遇到的抵抗之物。當意志試圖驅動身體時，在這一過程中，意志與身體的抵抗相互區別但不可分割。比朗將此稱為「原始的事實」，並將其視為經驗的基本形式。

從心理學到形上學

在此意識事實中，「我」的意識為原因，而身體為結果。即使如休謨所言，從外在事實中觀察不到因果關係，但比朗仍然承認內在事實中作為產出原因的「我」。同樣地，比朗指出，在原始事實中，我與各種事物具有「相同」之處。因此，他從對意識事實的思考出發，探討了「原因」、「實體」、「同一性」、「時間」、「空間」等基本概念的形成。比朗也與友人安培討論康德哲學，儘管安培對康德的理解似乎並不全面，但這裡已能看到一種形上學的萌芽，它試圖接近自然、有機體和精神的實際存在，同時避免康德的論點限制。

到了後期，比朗在區分生物學上有機的生命和心理學上人類生命的基礎上，又加上了宗教上的精神生命。人類學被置於以自我主動性為中心的心理學範疇中，而靈魂則作為有意志的「我」所衍生的實體，被納入信仰的探討對象。從神的視角來看，有意志的「我」是有限的，並相對於神的恩寵而言，是一個被動顯現的存在。

由於比朗生前幾乎未出版著作，其影響力在他去世後才逐漸顯現。他不僅對唯靈主義產生深遠影響，對現象學與反思哲學而言，更成為後世哲學家反覆回歸並重新定位的參考點。

儘管比朗關注心理學與生物學，並提出強調精神獨立性的唯靈主義論點，但他本人從未使用過「唯靈主義」一詞。比朗之所以被定位為唯靈主義的始祖，實際上是由後世哲學家如維克托・庫辛（Victor Cousin, 1792-1867）等人所確立的。（關於比朗，詳情請參見村松正隆，《「出現」與其

秩序》，東信堂，二〇〇七年）

三、庫辛

帝制復辟與七月王朝——法國的立憲君主制

維克托・庫辛是一位活躍於帝制復辟和七月王朝時期的哲學家與政治家，處於一個動盪的時代。雖然拿破崙退位導致王朝復辟，但此復辟並非回歸舊有的君主專制，而是立憲君主制。此時，極端保皇派（ultraroyalistes，統稱Ultras）試圖恢復革命前的舊體制，並與繼承革命理念的共和派展開激烈對抗。庫辛在這對立中支持立憲君主制。作為哲學家，他提出了一種調和法國兩派思想的折衷主義（eclecticism）及其後的唯靈主義；而作為政治家，他提倡推動教育的世俗性（法語：laïcité）。

作為出發點的心理學

庫辛將其哲學描述為從心理學出發，最終達到本體論與哲學史的高度。其心理學的基礎來自哲學家兼政治家皮埃爾—保羅・羅耶—科拉德（Pierre-Paul Royer-Collard, 1763-1845）引進法國的蘇格蘭學派，尤其是湯瑪斯・里德（Thomas Reid, 1710-1796）的思想。里德批判了近世哲學中的觀念理論，該理論認為人類無法直接認知外在事物，只能透過外在事物作為媒介傳達至意識的觀念。但在里德看來，對外界實在性和自我同一性的常識是理性正常運作的必要前提。脫離常識的理性缺乏此前提條件，導致休謨的懷疑論等極具破壞性的後果。

在庫辛看來，比朗哲學從對「原始事實」的觀察中得出原因、實體、同一性等原則性概念，與常識學派的論點有相似之處。庫辛思想的繼承人之一的西奧多·西蒙·茹弗魯（Théodore Simon Jouffroy, 1796-1842），更是將這種內觀的心理學定位為一門與自然科學同樣嚴謹的科學。

庫辛一派的心理學在當時受到正在興起的實證主義激烈批判。孔德認為心理學本身並不具備科學性，因此未將其納入實證主義的範疇，而是重視以布魯塞的生理學為主的研究，該學派專注於大腦的心理功能。布魯塞受到顱相學（Phrenology）[2]的影響，主張精神可以還原為大腦的各種功能，並因此批評庫辛的學派。庫辛一派的茹弗魯與阿道夫·加尼耶（Adolphe Garnier, 1801-1864）提出反駁，認為精神是整體功能，無法簡化為大腦的功能。關於精神獨立性與大腦

2 譯註：顱相學（Phrenology）是一種十九世紀的學說，主張人類的性格和心理特質可以從頭骨的形狀判斷。由德意志的醫師加爾（Franz Joseph Gall, 1758-1828）提出，該理論認為大腦不同區域對應不同的心理功能，頭骨的凹凸反映了這些區域的發達程度。顱相學試圖透過大腦結構來解釋人類的性格特質，並將此應用於心理學研究。然而，隨著科學進步，顱相學逐漸被證明缺乏科學依據，現今被視為一種偽科學。

功能的爭論，經柏格森等思想家的探討後，至今仍是重要的哲學課題。

非個人的理性自發性

庫辛認為，連接心理學與本體論的是意識中的理性事實。在這點上，他與比朗不同，認為這種理性並非屬於個人。於個人理性之前，一種全人類共享的、非個人的理性「自發性」（spontanéité）首先起作用，而個人的反思理性則在其後發揮作用。

「自發性」是庫辛哲學中重要的概念，正是從理性事實中導出實體和因果關係普遍規律的基礎。此外，理性事實中還包含了有用性（科學與工業）、正義（國家）、美（藝術）、完整性（宗教）等概念，都在歷史中得到了驗證。庫辛認為哲學也在歷史中形成，感覺主義、唯心論、懷疑論、神祕主義四種哲學類型貫穿了整個世界歷史。在《哲學的斷簡》（*Fragments Philosophiques*, 1826）中，他將折衷主義定位為調和這些思想衝突的方法，並將其作為自己哲學的旗幟。受庫辛的影響，哲學史與翻譯也成為法國的學術傳統（參考勒弗朗，《十九世紀法國哲學》）。

庫辛認為，理性在歷史中的主動發展觀念顯然受到了黑格爾哲學的影響。儘管無法詳細介紹庫辛的生平，但他確實曾在德意志地區旅行時與黑格爾相遇，並保持書信往來。然而，庫辛是從事實的心理學出發，與以本體論為基礎的德意志唯心論有所不同。他透過理性事實來連接心理學與本體論，使得對康德所謂「不可知」的物自身（即實際存在）的理解成為可能。庫辛認為，康德哲學雖根植於反思理性，但其忽視了先於個人理性的非個人自發性，而正是這種自發性使得對實際存在的掌握成為可能。

推動教育的世俗政策與打造講壇哲學

庫辛身為政治家，在七月王朝時期建立了許多重要制度。法國至今仍是少數在高中設有哲學課程的國家，這都要歸功於庫辛的推動。此外，十九世紀的法國，天主教勢力與共和派為爭奪教育的主導權而激烈對抗，庫辛致力於推動《基佐法》（一八三三年）[3]，使所有鄉鎮市都能設立公立小學，促進了基礎教育的普及。

此外，庫辛也改革了師範學校的制度（一八四七年改稱為高等師範學校），並設立了文學與科學領域的高等教師資格考試。該制度在短暫中斷後一直延續至今。作為推動世俗教育政策的一環，庫辛擔任考試主委，掌握了重要的人事權，使高等師範學校成為庫辛一派講壇哲學的據

3　譯註：「基佐法」是由時任法國教育部長弗朗索瓦・基佐（François Guizot, 1787-1874）制定的法令，旨在普及基礎教育。該法規定每個有五百人以上的市鎮必須設立一所公立小學，並提供免費的初等教育。此法案降低天主教會對教育的壟斷，標誌著法國教育世俗化的開端。

點。例如，實證主義者的人脈長期被排除在學術界之外，這也是兩派對立的原因之一。

在動盪不斷的十九世紀法國，庫辛的權勢並未持久。一八四八年二月革命後，法蘭西第二共和國成立，但四年後又成立了第二帝國。帝國要求庫辛的弟子們宣誓效忠，但他們大多選擇拒絕並流亡各地，庫辛也被迫退休（實際上是被解職）。隨著庫辛一派逐漸退場，唯靈主義取代了他們所推崇的折衷主義旗號。

四、拉維森

轉型期的第二共和與第二帝國——物質主義的興起

第二帝國的成立讓庫辛一派失去了舞台，不僅如此，也引發了實證主義內部的分裂。提倡人道教（Religion of Humanity）[4]因支持拿破崙三世的帝國而與埃米勒・利特雷（Émile Littré, 1801-1881）等崇尚科學主義的弟子分道揚鑣。因此，第二帝國和一八四八年革命不僅對法國，甚至對全歐洲而言，都是一個關鍵的轉折點。

從一八三〇年代開始，德意志唯心論、自然哲學、浪漫主義逐漸衰退，唯物論開始嶄露頭角，如佛格特（Karl Vogt）、摩萊蕭特（Jacob Moleschott）、畢希納（Ludwig Büchner）等人推動的唯物論式自然科學，以及一八四八年馬克思發表的《共產黨宣言》，都象徵了這一新興思想的興起。此外，達爾文的《物種起源》（一八五九年）中的進化論不僅震撼了自然科學領域，也大大動搖了基督教的世界觀。

在第二帝國時期[5]，法國的工業革命取得了顯著發展，鐵路網的擴展、城市建設和萬國博覽會的舉辦等使物質繁榮日增，工業逐漸成為社會秩序的支柱。隨著這一發展，聖西門教會和孔德的人道教等十九世紀前半的新宗教運動也逐步衰落。

在此背景下，實證主義與科學主義得以擴張勢力，而唯靈主義也在這種氛圍下不斷轉型。在庫辛的時代，天主教與唯靈主義在教育政策等問題上處於緊張關係。但到了這一時期，唯靈主義與天主教的緊張稍有緩和，或其性質有所轉變，而與實證主義和唯物論的對立反而加深。此外，十九世紀後半葉國族意識不斷增強，冠以「法蘭西唯靈主義」的用法也自此開始盛行。

4 譯註：人道教（Religion of Humanity）是奧古斯特．孔德提出的一種道德與社會體系，旨在取代傳統宗教。孔德認為，隨著科學和理性的崛起，傳統宗教逐漸失去凝聚力，因此需要一種新的倫理框架。人道教以「人類」為崇敬對象，強調對他人和人類整體的奉獻，並透過儀式與節日來推動「人類愛」與社會凝聚力。

5 譯註：法國第二帝國（一八五二—一八七〇）由路易—拿破崙．波拿巴建立，一八五二年他稱帝為拿破崙三世，開啟第二帝國。這一時期持續到一八七〇年，因普法戰爭的慘敗，拿破崙三世被俘，第二帝國隨之終結，並由法蘭西第三共和國取而代之。

唯靈主義的世代交替？

菲利克斯・拉維森—莫利安（Félix Ravaisson-Mollien, 1813-1900）出身於名門貴族，二十二歲時便獲得精神科學和政治科學等論文獎項，並以此為基礎於兩年後出版了《亞里斯多德形上學隨筆》（一八三七年）第一卷。出版前一年，二十三歲的他以首席成績通過教授資格考試，並在二十五歲時發表了《論習慣》（一八三八年）。

他的才華引起了庫辛的注意，但因兩人不合而決裂，拉維森也未擔任教授職位，而是出任圖書館監察長等行政職務。隨著第二帝國成立，庫辛一派勢力衰退，拉維森作為非庫辛陣營的重要人物，掌握了強大的人事權和影響力，主導教授資格的審查等事務。他在萬國博覽會的報告《十九世紀法國哲學的報告》（一八六八年）中，為了區分自己與庫辛的唯靈主義，於是批評庫辛為「不徹底的唯靈主義」，並預告「唯靈主義式實在論乃至實證主義」的新世代即將到來。雖然這種帶有黨派色彩的批評未必全然可信，但確實給人一種世代更迭的印象。至於庫辛與拉維森思想的實質差異，也是一個值得探討的課題。

習慣與非反思的自發性

亞里斯多德的形上學是拉維森研究的起點，對他而言意義重大。他特別重視存在鏈的觀點，即從最高層級到最低層級的連續存在鏈：從神經過人類再到動物、物質。拉維森認為，實體既非純粹空洞的觀念，也非不確定的物質，而是作用於有生命個體中的存在。然而，他對亞里斯多德的理解是建立在萊布尼茲的哲學（連續性原理與動力論）基礎之上的。

在《思維能力對習慣的影響》中，梅曼·德·比朗的討論與亞里斯多德和萊布尼茲的本體論相連結。比朗認為習慣具有能動性（知覺）和受動性（感覺）的二元性，而拉維森則將其視為一元概念。在他看來，增強能動性與減弱受動性並非不同的原則。拉維森觀察到習慣的根本中有一種「非反思的自發性」在發揮作用，這種自發性從意志和人格逐步滲透到有機體的受動性之中。這種同時具備受動性與能動性的自發性，被視為自然中的一種動態且具目的論的展開，從礦物結晶、簡單有機體逐步發展到更複雜的有機體，最終達到真善美及神的恩典。

在這之中，自發性將心理學與本體論連結，顯示出拉維森承襲了庫辛的反康德思想。然而，庫辛的本體論在內容上更具哲學史的詮釋性，而拉維森的本體論則偏向自然哲學色彩。我們可以認為，庫辛受到黑格爾的影響，而拉維森則更多地承襲了後期謝林的積極哲學，兩者因此存在差異。

「唯靈主義式實證主義」中的期望

拉維森在《十九世紀法國哲學的報告》結論中提到的「唯靈主義式實證主義」，不僅批判庫辛一派，也代表了對第二帝國時期興起的實證主義與唯物論的反對，或可以理解為科學世界觀與宗教世界觀的調和。早期孔德的實證主義雖與唯物論、機械論相契合，但如同在晚期的孔德人道教和謝林自然哲學中所見，實證主義與實證科學亦可能與宗教、唯靈主義契合。唯靈主義式實證主義與其說是一套穩固的理念，毋寧說是對未來需解決問題的提議。

五、柏格森

第三共和──從兩個法國的對立到趨於穩定

普法戰爭敗北後，第二帝國於一八七〇年瓦解。隨後成立的第三共和國雖初期不穩，但在一八八〇年代後逐漸走向穩定。至一八九〇年代後期，因猶太裔法國陸軍上尉德雷福斯的間諜冤案，法國國內輿論再度分裂。然而，隨著一九〇五年「政教分離法」的制定，法國長期以來的內部紛爭終於得以平息。

在科學世界觀逐漸滲透人們生活之際，決定論與自由意志的問題也浮現──如果一切如機械般早已決定，那麼人生是否還有意義？這個問題在十九世紀末的歐洲引發熱議。德國生理學家埃米爾・杜波伊斯─雷蒙德（Emil du Bois-Reymond, 1818-1896）於一八七二年演講中，提出了決定論世界觀的疑問，並將一個能準確觀測萬物、掌握所有自然法則的理想精神稱為「拉普拉斯之靈」（Laplacescher Geist）。

時間與自由意志

柏格森的父親是猶太裔波蘭音樂家，母親則為英國人。他在一八八九年的博士論文《論意識的直接材料》（*Time and Free Will*）中探討了決定論與自由的問題。與比朗、庫辛相似，他從精神事實出發，但他發現的並非習慣與努力，而是一種質量的體驗，如同聆聽旋律時，聲音在連續流動中相互融合。柏格森將這種時間的存在方式稱為「綿延」（durée），這是他哲學中最重要的概念。與比朗提出的原始事實類似，「綿延」是意識直接體驗到的真實存在。

他將綿延區別於座標軸所表示的定量空間。雖然我們習慣像測量空間長度那樣來測量時間，但這種方式會使得時間的動態綿延失去其本質，而被轉化為空間。科學若要達到精確測量，就只能透過將時間轉換為空間的方式來予以實現，從而因應其需求。

柏格森用時間綿延來探討自由問題。自由論者認為個體在O點可以選擇前往X或Y，而決定論者則主張，若知曉所有數據與法則，個體的選擇便是可預測且已被決定的。柏格森指出，這種討論建立在OX、OY的選擇分歧上，實則錯誤，因為它將時間綿延固定化並空間化。在真實的時間流動中，並不存在既定的X與Y，新的事物隨著流動不斷產生，這才是真正的自由。

自然的綿延化

在《物質與記憶》（*Matter and Memory*, 1896）之後，柏格森將「綿延」從意識延伸至自然。他認為物質具有一種非常緩慢的綿延節奏，簡單的生物體也呈現出接近物質的弛緩綿延，但越接近人類，綿延便越緊張。由此，存在的鏈條從綿延的緊張與弛緩角度被重新定義，使本體論帶上綿延的特性。柏格森透過綿延鋪設出一條從心理現象通向本體論的道路。與康德哲學不同，自由不再孤立於理智界（intelligible world），而是可被直接經驗；綿延（時間）的直覺讓我們無須區分現象與事物本身，便能直達實在。

作為生命的持續

在《創造演化論》（*Creative Evolution*, 1907）中，柏格森以生命衝力（Élan vital）作為生命演化的原理，這一概念類似於庫辛和拉維森所提出的自發性。為了展開討論，柏格森收集了大量實證科學的知識，並在無法以實證科學解釋之處引入唯靈主義作為形上學的假設，稱之為實證的形上學。在此可見拉維森唯靈主義式實證主義的延續。然而，若說拉維森已預見柏格森的哲學，則未免言之過甚，因為柏格森將實證科學與形上學相結合的方法富有創新性，這是拉維森思想中所未具備的。

一個問題的終結與開始

在《道德與宗教的兩個來源》（*The Two Sources of Morality and Religion*, 1932）中，柏格森認為如何將封閉社會轉變為開放社會是一大挑戰。團結雖能穩定社會，但在封閉社會中，團結反而常被視為問題的根源。對於歷經第一次世界大戰的柏格森而言，封閉社會基於假想敵的團結不足以防止戰爭；若人們為了產業發展和市場爭奪而爭執，更可能導致世界大戰而非和平。此問題焦點已從國家穩定轉向避免人類因戰爭而走向滅絕，這正是尋求突破的關鍵。

小結

本章概述了幾位在唯靈主義轉型背景下的哲學家，但因篇幅有限，無法逐一深入探討。在過去的唯靈主義體系中，來希烈曾被置於拉維森與柏格森之間，但近期學界更傾向於將他視為反思哲學的始祖。反思哲學與唯靈主義本身存在重疊，兩者的區分主要取決於未來研究的發展，尚待進一步確認。此外，本章也未能提及柏格森同時代及後續的唯靈主義發展，如莫里斯・布隆德（Maurice Blondel, 1861-1949）、勒內・勒塞訥（René Le Senne, 1882-1954）、路易・拉維爾（Louis Lavelle, 1883-1951）。

本章僅能在有限的篇幅中探討幾個論點，若僅描述某一學派，則稍嫌片面。如本章所述，十九世紀法國哲學不僅有唯靈主義，還受到宗教、實證科學等多重影響。迄今為止，這些思想在大多數哲學史中多被忽略，但漸有更多人開始認識其豐富內涵並對其產生興趣（若欲深入了解十九世紀法國其他思想體系，請參考伊藤邦武，《法國知識論中非決定論的研究》晃洋書房，二〇一八年）。

延伸閱讀

川口茂雄，〈十九世紀法國哲學的潮流〉（《哲學的歷史》八，Ⅳ章，中央公論新社，二〇〇七年）——詳述了更詳細的歷史背景，以及各哲學家之生平和思想，包括來希烈與儒勒等本章未涉及的其他哲學家。想要更深入地了解唯靈主義的必讀文獻。

菲利克斯．拉維森—莫利安，衫山直樹、村松正隆譯，《十九世紀法國哲學》（知泉書館，二〇一九年）——此書因為有龐大的資訊量，包括拉維森獨特的見解與客觀的組織整理，雖然難以閱讀，但譯者加上了詳細的譯註、人名索引、解說，可藉本書了解此時期思想的豐饒之處。

勒弗朗（Jean Lefranc），川口茂雄、長谷川琢哉、根無一行譯，《十九世紀法國哲學》（白水社，文庫Que sais-je，二〇一四年）——雖然每個項目的說明量有限，但該書對庫辛一派有詳盡的說明，整體來說是一部易讀又整理得當的解說。

增永洋三，《法國唯靈主義的哲學》（創文社，一九八四年）——本書詳細介紹了本章無法說明的布隆德、拉維爾、勒塞訥的哲學。

河野哲也，〈法國心理學的誕生〉（《知識論的現在》慶應義塾大學出版會，二〇〇八年）——從德國、英國心理學的觀點，探討了法國心理學形成的過程。若與唯靈主義的發展一起閱讀，更能擴展讀者的視野。

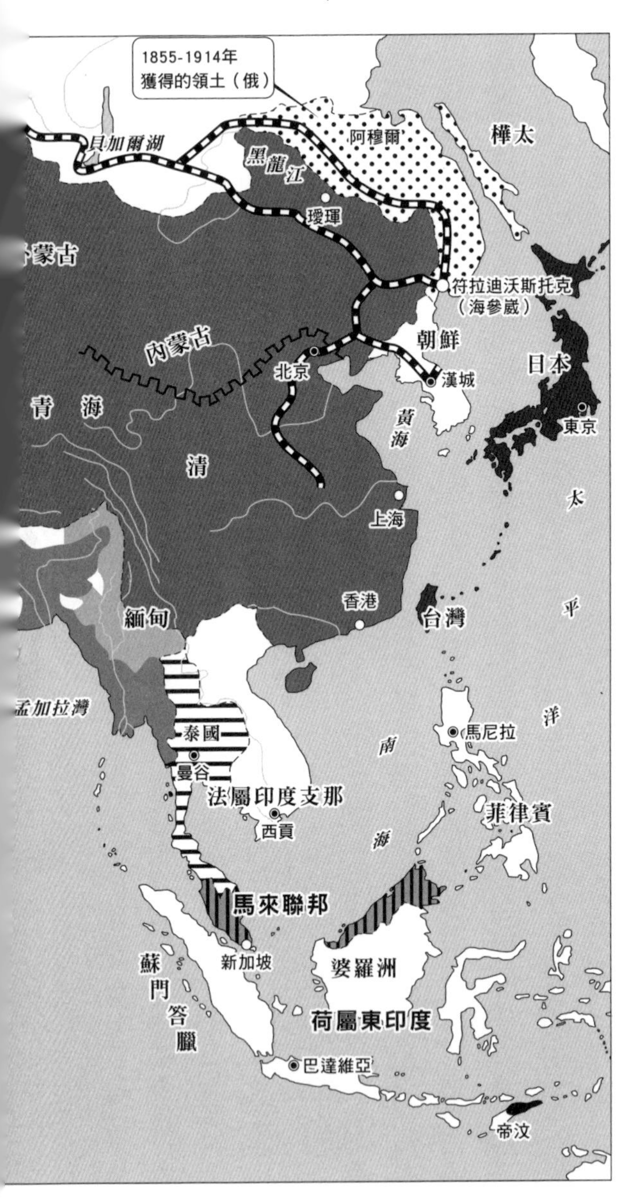
1855-1914年
獲得的領土（俄）
貝加爾湖
阿穆爾
樺太
黑龍江
璦琿
蒙古
符拉迪沃斯托克
（海參崴）
朝鮮
內蒙古
北京
漢城
日本
青海
黃海
東京
清
太
上海
香港
台灣
平
緬甸
孟加拉灣
泰國
洋
馬尼拉
南
曼谷
法屬印度支那
菲律賓
西貢
海
馬來聯邦
新加坡
婆羅洲
蘇門答臘
荷屬東印度
巴達維亞
帝汶

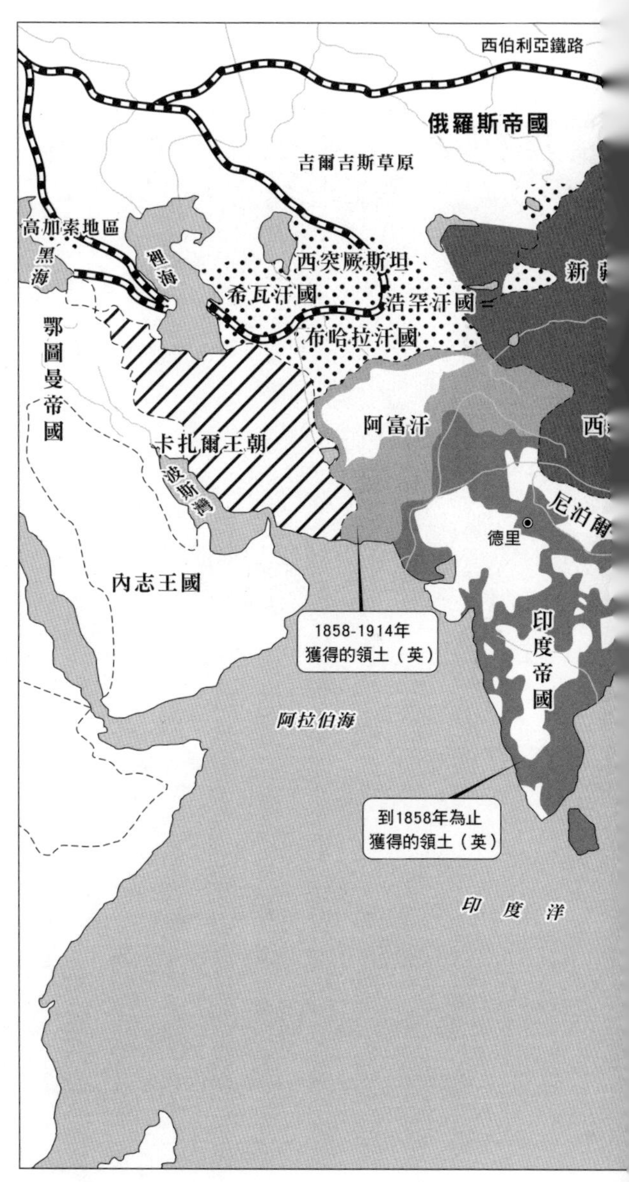
西伯利亞鐵路
俄羅斯帝國
吉爾吉斯草原
高加索地區
黑海
裡海
西突厥斯坦
希瓦汗國
浩罕汗國
布哈拉汗國
新
鄂圖曼帝國
阿富汗
西
卡扎爾王朝
波斯灣
尼泊爾
德里
內志王國
1858-1914年
獲得的領土（英）
印度帝國
阿拉伯海
到1858年為止
獲得的領土（英）
印度洋

十九世紀後半葉的亞洲

CHAPTER

nine

第九章

近代印度的普遍思想

富澤加奈

近代インドの普遍思想

一、「近代」與印度，以及「宗教」

何謂印度的近代

印度的近代始於何時？這實際上是一個難以回答的問題。但若不拘泥於精確的時代區分，而是關注印度周邊因何種要素被視為「近代」，問題核心便在於英國統治帶來的變化及印度內部新動向的出現。換句話說，西方近代與東方傳統之間的基本對立架構在此浮現。因此，我們可以從英國推動的現代化與印度「國家」自身傳統文化的視角，透過印度自我定位的角度來理解其近代思想史。

近代印度思想的另一個重要要素是宗教。在十八世紀後半期，英國東印度公司剛開始統治印度時，為了建立一種簡單且少摩擦的統治模式，便避免介入印度的宗教文化，採取「尊重」的方針。此方針促使威廉・瓊斯爵士（Sir William Jones, 1746-1794）等人開展對印度的研究，重點放在透過梵語文獻認識印度的「古老高度宗教文化」形象。在政治與經濟層面受到統治的情況下，印度人僅能在英國不願涉足的宗教文化領域中發揮主體性，形成了獨特的空間。瓊斯等人形成的印度觀進一步強化了這一架構。此後，現代印度的思想與運動，包括社會和獨立運動，皆被視為傾向於與宗教文化相關的發展。〔臼田雅之，〈「世俗之人」的宗教改革（拉姆・莫漢・羅伊論）〉，《近代孟加拉的國族主義與聖性》，東海大學出版會，二〇一三年，第四章〕

本章所介紹的是十九世紀到二十世紀前半孟加拉文藝復興運動的其中一面。在英國統治下，以首都加爾各答為中心，出現了由「仕紳」（bhadralok）構成的新菁英階層。他們憑藉英文教育和新知識的力量，從舊社會階層中脫穎而出，推動了這場運動。此現象表面上呈現為傳統復古與現代化、理性化的結合（因此稱為文藝復興），似乎是巧妙運用了西方近代與東方傳統對峙的架構。然而，仔細觀察其內涵，卻顯現出無法以東方主義二元論充分解釋的另一面。

近代批判與近代宗教概念批判的兩難

東方主義與殖民主義理論剖析了許多被視為理所當然且普遍使用的概念，指出它們實際上是西方近代的產物，並批判在不知不覺中將這些概念應用於其他文化與時代所帶來的問題與暴力性。尤其在宗教研究中，對「宗教」、「信仰」、「咒術」、「儀式」等基本概念提出了根本性的質疑，可說是對近代宗教概念批判的延續。然而，這樣的討論也存在矛盾，因為若過度強調「西方近代性」的主導地位，非西方世界的角色可能被簡化為被動者或受害者。

關於「近代」的討論中，有人主張應將其視為多元的（multiple），而非僅以西方為中心的單一視角。若承認多樣的「近代」存在，「近代」便可擺脫西方的壟斷。然而，也有人擔心這種觀點近似文化相對主義，可能將世界切割成一個個小單位，與初衷背道而馳，最終導致東歸東、西歸西的結果。確實，「近代」的形式與觀念存在多樣性，這一認識十分重要。但我們是否可以將整體的「近代」視為東西方「重疊」且動態交織的結果呢？

本章將探討孟加拉文藝復興的不同面向，展現其如何超越西方近代與東方傳統對立的架構。首先，我們將聚焦於「靈性」（spirituality）這個詞的用法，並探討現代思想中「重疊」的層面，而非僅限於理性的西方近代與神祕的東方傳統的對立架構。

二、靈性與世俗主義

若將靈性（精神性）與世俗主義（secularism）並列來看，兩者似乎格格不入、彼此對立。但這兩個詞其實是一組詞彙，共同構成了近代印度自我認同之根源。兩者皆被視為一種普遍化的詞彙，被期待可弭平宗教與思想多樣性的對立。

既靈性又世俗的國家

如前所述，在英國統治下，印度人的政治和社會活動的發展，往往與宗教文化息息相關。此外，在獨立前夕，為了抵抗英國的分而治之策略，印度人逐步探索作為「印度人」的自我認同，使他們能夠團結成為一個國家，實現有效的國族主義，因此對自身宗教傳統的認識和意識也不斷提升。然而，這過程同時凸顯了宗教差異，雖然印度教徒與穆斯林偶爾合作，卻在實際上加深了彼此之間的緊張和衝突。這種基於族群差異而產生的對立和排斥觀念，即為宗教社群主義（communalism）。自獨立運動以來，印度便開始追求世俗主義，以此作為抵制宗教社群主義並促進「印度」整合的原則。後來，印度的獨立伴隨著東西巴基斯坦的「分離」悲劇，「穆斯林國家」巴基斯坦與「世俗國家」印度之間的對立更是賦予了新的意涵。

世俗主義可謂是印度的基本國策，並於一九七六年明確記載在憲法之中。印度的世俗主義與法國的世俗性有著顯著的不同，僅以「政教分離」來翻譯難以充分解釋。以典型例子來說，印度的假日多數為宗教節日。然而，印度的宗教構成除占人口八成的印度教外，還包括不到百分之一的佛教和耆那教。印度的世俗主義並未將宗教排除於公共空間之外，而是以平等尊重為基礎。因此，宗教與世俗之間並無矛盾，所追求的是一種跨越差異、共享的宗教性。

能夠體現印度宗教性的詞彙便是「靈性」。印度經常給人的印象便是「印度的靈性」或「神祕之國印度」。這種印象看似源於外部的東方主義式印度形象，實際上也是印度自我認同的重要要素。

> 有趣的是，作為浪漫主義印度觀的特徵，「神祕」與「靈性」的重視不僅在當代西方成為印度形象的典型，也深刻影響了印度人對自身的自我認同……其中最具代表性的例子即為斯瓦米・維韋卡南達和甘地等人。維韋卡南達認為，這將成為近代西方文明中虛無主義和物質主義

的解方。

（Richard King, Orientalism and Religion : Postcolonial Theory, India and 'The Mystic East,' London, New York : Routledge, 1999, pp. 92-93）

斯瓦米・維韋卡南達（Swami Vivekananda, 1863-1902）是一位宗教領袖，創立了宗教社會服務團體「羅摩克利須那傳道會」及羅摩克利須那僧院。他於一八九三年出席芝加哥萬國宗教會議，震撼全球，並成為孟加拉文藝復興時期的代表人物之一。

作者金恩認為，維韋卡南達與甘地所重視的「靈性」，其實是一種對西方東方主義的肯定式利用，屬於「肯定式（affirmative）東方主義」的理解，顛覆了「神祕的印度」、「靈性的印度」等典型東方主義印象，並藉此有效對抗西方。此觀點雖切中要害，但即使可以將這種架構視為價值觀的反轉策略，它是否真能超越西方近代與東方傳統之間的對立？印度的靈性概念是否仍然被局限於此框架？此外，雖已指出印度的世俗主義不同於單純的政教分離，但這是否意味著它與其他地區——特別是歐美——有著根本差異？不論是世俗主義或靈性概念，是否都難以超越東西分離的二元觀念？這一系列疑問由此而生。

世俗主義與靈性這兩個概念與近代印度的自我認同密切相關，並各自引發了許多研究。然而，關於這兩個詞彙的實際使用時間及方式，尚無定論。因此，筆者嘗試從詞彙的用法出發，探討其使用情況。接下來，我們將先概述維韋卡南達周邊對「靈性」的用法。

綜覽維韋卡南達的「靈性」使用

若從維韋卡南達靈性用法來看，可觀察到兩種傾向。一個是以下非常有名的論述類型：

> 印度，站起來。用你的靈性征服世界……物質主義與其悲慘無法用物質主義征服……靈性必須征服西方。
>
> （The Complete Works of Swami Vivekananda, 9 volumes, Calcutta : Advaita Ashrama, 1989-97, vol. III, p. 277）

他在此主張西方近代的物質主義與東方傳統靈性之間的對立，並宣稱後者具有優越性，這正是以積極東方主義的方式反向使用了東方主義。然而，維韋卡南達也曾如此表示：

> 印度人民透過精神的研究，也就是形上學與邏輯學而走到了今天。而歐洲的各個民族則是從外在自然的研究開始，現在兩者漸漸得出相同的結論。透過精神的探究，我們最終抵達了那個「一」、抵達所有內在的靈魂、每一個本質與實際存在、永遠的自由、永遠的祝福以及永遠的存在。而透過物質科學，我們也抵達了相同的一。（Ibid, vol. II, p. 140）

這種說法同樣顯示了東西方之間的對比，但與先前的觀點不同之處在於，它淡化了一方優於另一方的印象，主張兩者的目標一致，體現了一種普遍主義與多元主義的觀點。在此，維韋卡南達強調，印度的靈性與歐洲的物質科學並非相互矛盾或對立，而是共同朝向某種相同且普遍的目標前進。

至於為何兩者會有如此大的差異，首先需關注其發言的脈絡。第一段話出自一八九七年於印度馬德拉斯（即清奈的舊名）舉行的演講〈我們應做的事〉（The Work Before Us），而第二個發言則出自一八九六年在倫敦舉辦的演講〈絕對性與現象〉（The Absolute and Manifestation）。實際上，如前者所示，談論東方靈性優越於西方的觀點並不多見，通常僅出現在印度人試圖在英國統治壓力下探索自我認同的情境中。相對地，後者用「靈性」一詞消解西方近代科學思維與東方傳統宗教思維的對立，並將二者統合為追求同一普遍價值的表現，這才更接近他的核心觀點。當然，僅從印度特有的靈性中提煉出超越東西對立的普遍價值，是一項艱難而矛盾的嘗試。然而，這種對普遍性與特殊性的追求不僅存在於印度，也在近代世界多地形成潮流，尤其在近代印度尤為突出。

從某種意義上說，「靈性」作為普遍性詞彙的使用方式在今日已廣為人知。英文中的spirituality原本與基督教有深厚的淵源，但在現代，這個詞已逐漸脫離基督教背景，朝向宗教多元主義發展，並成為一個跨越宗教界線的新型宗教性詞彙。它不僅超越了既有宗教的框架，還能用於調和宗教與科學等世俗價值觀。這種現代靈性的概念相對較新，但在維韋卡南達十九世紀末的用法中，靈性已顯現出彌合對立概念與不同框架的思維特徵。那麼，維韋卡南達是如何確立此種詞彙用法的呢？

細數印度的「靈性」

為了深入了解這點，筆者試圖調查此詞彙在何時被使用了多少次。有趣的是，我們發現，在維韋卡南達之前的那一代，此詞彙在印度可能並不常見。以孟加拉文藝復興時期的宗教社會改革團體梵教會（Brahma Samaj）為例，稍後將再討論該組織。其創始人拉姆・莫漢・羅伊（Ram Mohan Roy, 1772/74-1833）開啟了孟加拉文藝復興的序幕，但在其英文著作全集中，從未使用過此詞彙。此外，在十九世紀後期於梵教會中扮演重要角色的夏布・強德拉・森（Keshub Chandra Sen, 1834-1884），筆者僅檢索了其四部著作集，發現第二冊中各有兩次、第一冊四次、最多的一冊出現了九次。

相比之下，維韋卡南達的英文全集共九卷，約一百四十本文本中幾乎每一部都至少使用此詞彙一次，可見他使用此詞彙的頻率遠超過兩位先驅。而他使用該詞彙最頻繁的時期集中在一八九六年與一八九七年間，特別是在他初次赴歐美後返印的那一年。相對地，在一八九三年芝加哥萬國宗教會議上，儘管他以普遍宗教論而名揚全球，卻幾乎沒有使用此詞彙，顯示他當時可能尚未感受到該詞的重要性。直到約一八九六年，他才開始有意識地使用此詞彙。那麼，為何他在這一時期對此詞彙的有用性有了認識？

細數歐美的「靈性」

首先，筆者認為應該先聚焦於維韋卡南達在歐美所受到的影響。他可能在歐美接觸並吸收了當時普及的用法，從而在這一階段開始使用此詞彙，這也符合「肯定式東方主義」的觀點。然而，若真如此，此用法應已在歐美相當普及，然而筆者經過多例檢索後發現，這種可能性並不高。當然，筆者無法全面綜覽十九世紀末歐美的宗教文化論述，但其中談論普遍宗教論、宗教多元論的作品較多，而且在後來被稱為「靈性」的著作中，也嘗試選出幾部可能與維韋卡南達有所關聯的著作。

芝加哥萬國宗教會議確實是一個宗教多元主義和普遍宗教思想的討論場合，極具靈性論的特質，但在八百多頁的會議紀錄中，僅能找到兩處實例。此外，神智學會的布拉瓦茨基夫人和奧爾科特的著作中也出現了此詞彙，但頻率遠低於維韋卡南達。在西奧多・帕克（Theodore Parker, 1810-1860）十五卷作品中確認出現十次此詞，他作為一位論派（Unitarian）宗教家，對梵教會周邊有極大影響。而拉爾夫・沃爾多・愛默生（Ralph Waldo Emerson, 1803-1882）從一位論出發發展出超越主義（Transcendentalism），但在愛默生全集中，「靈性」一詞僅出現在其兒子的編註中。另外，腓特烈・馬克斯・繆勒（Friedrich Max Müller, 1823-1900）在多數著作中強調以比較為基礎的宗教學，意圖從各宗教比較研究中建立此學科，但他對於此詞彙的使用也相當少（富澤加奈，〈「印度的靈性」與東方主義：十九世紀印度周邊的使用案例考察〉，《現代印度研究》三號，二〇一三年）。

當然，考量到當時靈性主義的興起，十九世紀後半的西方社會確實對與物質相對的靈性深感興趣，而且普遍傾向於認為靈性與科學並無矛盾。然而，spirituality這一詞彙在當時是否被廣泛使用，仍令人存疑。維韋卡南達滯留歐美期間，這一詞彙是否以新的內涵在當時西方普及，實在值得懷疑。

如果是這樣，那麼維韋卡南達在一八九六年前後對此詞彙新用法的認識，可能是他個人的發現，而非單純地翻轉了歐美東方主義中賦予靈性的價值。或許，他在某種意義上領先於歐美，為這個詞彙開創了新的用途，並使這種用法延續至今。換言之，「靈性」這一「近代宗教概念」可能是印度人在東西方文化交流中自主發現的，而非西方近代思想強加於印度的產物。若是如此，這便是無法僅以西方近代與東方傳統的二元對立來解釋的現象，並讓我們得以跳脫「西方等於近代」的僵化連結，期待由「重疊」構成的現代樣貌。

三、梵教會的體系——普遍與固有的冀求與其焦點

在維韋卡南達對靈性的用法中，可以觀察到他努力從印度自身的內涵中提煉出超越東西方對立的普遍性，而這一努力貫穿了整個孟加拉文藝復興。這與印度本身的多元文化特質，以及在英國統治下每日面對西方文化的處境有著深刻關聯。從印度的文化內涵中提煉出普世價值，並展現印度內部的多樣性以與世界文化的多樣性共享，這是印度近代思想的重要主題之一，亦貫穿了孟加拉文藝復興。這不僅在傳統與現代間架起橋梁，也是維繫印度複雜多樣性的一種努力——即便這樣的多樣性可能會引發分裂，但這仍是一種充滿矛盾的艱難嘗試。在此困難中，維韋卡南達提出了「spirituality」作為普遍的整合點，成為他所選擇的新符號。若說自獨立運動以來許多人所期待的是世俗主義，那麼拉姆．莫漢．羅伊所建立的梵教會體系則根植於極為傳統的詞彙——「梵」（brahman）。

拉姆．莫漢．羅伊與梵教會

羅伊與梵教會批判偶像崇拜、多神信仰、種性制度、自焚殉夫、童婚等問題，並以提升女性地位與普及教育為目標。儘管其思想和行動表現出對理性的重視，朝向現代化發展，但他們試圖從古代印度中尋找理性價值，而非依賴西方近代的教義。「梵教會」意指信奉「梵」的人

們所組成的團體。「梵」是印度自古以來談論至今的終極實體概念，他們之所以以「梵」作為理性思考與運動的基礎，是因為此概念源自《吠陀》與《奧義書》。另一方面，他們排斥多神信仰和偶像崇拜，視其為非理性的墮落，並將《往世書》（*Purana*）等後期文獻中那些自由奔放的神祇神話視為唯一者屬性的譬喻。

羅伊精通多種語言，深入研究了伊斯蘭教、基督宗教與耆那教，並從中提出一種基於唯一神信仰的普遍宗教論。他認為，人類根本上追求一神教，因此各宗教的根本原理是一致的，並無矛盾，從而主張以唯一神信仰為基礎的普遍宗教論。他承認耶穌的存在與教誨，卻否定了耶穌的各種神蹟、三位一體說與贖罪論，並持續與傳教士辯論。在印度教與基督宗教、印度與西方兩者之間，他同時發現了合理性與應該否定的非理性成分。這似乎是一種偏離，或意圖取代「西方近代與東方傳統」對立框架的思想。

「偉大的聖賢」迪貝德拉那．泰戈爾

在羅伊過世約十年後，由迪貝德拉那．泰戈爾（Debendranath Tagore, 1817-1905）接掌梵教會，他展現出不同的宗教觀。作為著名的泰戈爾家族成員之一，他的父親德瓦卡納特．泰戈爾（Dwarkanath Tagore, 1794-1846）是羅伊的友人，並積極參與其行動；他亦是詩人羅賓德拉納特．泰戈爾（Rabindranath Tagore, 1861-1941）的父親，被譽為「偉大的聖賢」。與羅伊相似，他否定偶像崇拜，在《吠陀》中追求無形無相的絕對者。然而，他後來對《吠陀》的無物觀點提出質疑，轉而相信《奧義書》才是知識的精髓，而非《吠陀本集》（*Samhita*）。在《奧義書》研究中，他逐漸發現一些難以接納的內容，並開始重視冥想與直覺所帶來的智慧，常於喜馬拉雅山中專注於冥想。依循自己的直覺，他對《奧義書》內容加以取捨與選擇，塑造了自己獨特的宗教思想。

羅伊強烈主張唯一神信仰，反對理神論與無神論，其梵的概念給人一種思辨的印象。相較之下，迪貝德拉那將梵視為崇拜與冥想的對象，展現了「神」更為清晰的面貌。臼田雅之對此兩者差異有以下描述：「拉姆・莫漢與迪貝德拉那兩人對於宗教的態度截然不同。拉姆・莫漢關注宗教的知識與理性追尋；而迪貝德拉那則專注於內在掌握宗教體驗，即著眼於宗教實踐……他在社會層面採取保守且謹慎的態度……在世俗與超脫間，他從內部挖掘出已被遺忘的古代宗教，並嘗試將其重組為近代形式。」（《近代孟加拉的國族主義與聖性》，頁二二八）

夏布・強德拉・森的改變

一八五七年，十九歲的夏布・強德拉・森加入梵教會，成為迪貝德拉那的得意門生並嶄露頭角。一八六六年，他引發了梵教會的「第一次分裂」，並率領「印度梵教會」（Brahma Samaj of India）。

相較於「在社會層面採取保守態度」的泰戈爾，夏布．強德拉．森走向更激進的社會改革之路，例如反對種姓制度。此外，他透過深入研究基督教和一位論，向普遍宗教方向發展，吸引了許多年輕的梵教會成員，這點讓人聯想到羅伊的印象。另一方面，他也展現出孟加拉毘濕奴派（Vaisnava）中的信愛（bhakti）特徵，開始詠唱梵唱（kirtan），這顯然受到了比喬伊．克里希納．戈斯瓦米（Bijoy Krishna Goswami, 1841-1899）的影響。戈斯瓦米當時加入了梵教會，後來轉向了自己的宗教運動。少年時期的戈斯瓦米與森關係密切，並在森身邊專責基督教研究。參加過芝加哥萬國宗教會議的普拉塔普．強德拉．馬宗達（Pratap Chander Mozoomdar，1840-1905）曾戲劇性地描繪了森首次公開詠唱梵唱並流淚的情景，然而對森採用流行的毘濕奴信仰，他也難掩不悅之情。

此外，森逐漸承認自羅伊以來被否定的偶像崇拜。無論是信愛或偶像崇拜，都是重大轉變，因為這承認了中世紀和類似於《往世書》中的信仰發展，而這些信仰曾被梵教會所否定。第二次分裂發生於一八七七年，主張社會改革的大眾梵教會因此與他分道揚鑣。隨後，森逐步退出社會改革運動，並將其普遍主義思想命名為「新天理」，聲稱此思想與耶穌、蘇格拉底、柴坦尼亞（Caitanya）[1]、牛頓、愛默生等思想和諧一致。儘管森展現了從理性普遍宗教論者到熱情的信愛追隨者等多種面貌，人們普遍認為，維韋卡南達的師父羅摩克利須那對他的信愛及偶像崇拜的寬容影響深遠。森的存在，如同「梵」、「靈性」等概念，被視為孟加拉文藝復興中普遍與特殊願望的核心焦點。

四、近代印度敞開的〈空洞〉——羅摩克利須那與神

孟加拉知識分子與羅摩克利須那

羅摩克利須那（Ramakrishna, 1834/36-1886）是一位獨特的神祕主義宗教家，對印度近代史產生了深遠影響。他自幼經歷多次神祕體驗，青年時期便狂熱地沉浸於神的觀想之中。後來，他接受了怛特羅教（Tantrism）、吠檀多派（Vedanta）、蘇菲派的指導，甚至學習基督教，以加深自己的神祕體驗。據說他能輕易進入三昧境界，憑藉此能力與個人魅力吸引了眾多信奉者。他未受正規教育、不識英文，以當地方言的孟加拉語表達，對印度社會改革毫無興趣，專注於觀神，並透過修行和神祕體驗傳達其思想。孟加拉的知識分子逐漸被他吸引，其中包括其大弟子維韋卡南達，後者繼承了師父的精神，創立了羅摩克利須那傳道會和貝魯爾僧院。

1　譯註：柴坦尼亞（Caitanya, 1486-1534）是十六世紀印度著名的毘濕奴派（Vaisnavism）聖者、宗教改革者及信愛（bhakti）運動的推動者之一，生於現今的孟加拉地區，崇拜印度主神黑天（Krishna），主張透過虔誠的愛與奉獻達到與神的合一。柴坦尼亞的教義強調個人對神的情感與愛，使毘濕奴派的信愛運動在印度各地廣為流傳。

年輕的維韋卡南達〔本名納倫德拉納特（Narendranath）〕在加爾各答的學院學習，成績優異。青年時期雖加入梵教會，但他對見證神的渴望愈發強烈，逐漸無法滿足於梵教會的宗教形式。一八八一年，他首次遇見羅摩克利須那，並受邀前往達克希涅斯瓦寺。在那裡，維韋卡南達見到羅摩克利須那異於常人的舉止，感到震驚與疑懼，但羅摩克利須那對他說：「就如我現在對你說話一樣」。據說，這番話讓維韋卡南達開始相信他是個真正能見神的偉大人物。（斯瓦米・薩拉丹南達，《羅摩克利須那的生涯—其宗教與思想（下卷）》，日本檀多協會，二〇〇七年，三二八至三三四頁。以下略稱為《羅摩克利須那的生涯（下）》）。經過一段與師父的磨合，維韋卡南達成為他的特別弟子，繼承了師父之名展開活動。

也有不少梵教會的教眾聚集到羅摩克利須那身邊，但「偉大的聖賢」迪貝德拉那與他的相遇卻有些難以形容。迪貝德拉那在羅摩克利須那身上既看見了世俗中「稍微妄自尊大」的凡人形象，也看見了面對神而過著宗教生活的智者形象，於是向他請教：「請告訴我一些關於神的事。」羅曼・羅蘭（Romain Rolland, 1866-1944）如此描述了兩人相遇的情景：

迪貝德拉那被訪客眼中的光芒所打動，於是他邀請了羅摩克利須那參加隔天的祭典儀式，不過他懇求羅摩克利須那若要參列，必須要「稍微以衣蔽體」。因為這名年輕的朝聖者不太在意自己身上的服裝。羅摩克利須那帶著一貫的調皮的善意回應，請迪貝德拉那別有這種期待，因為自己就是這樣的男人，所以會保持這樣前來。兩人就友好地分開了。然而隔天一早，羅摩克利須那收到了一位貴族的傳話，謙恭地請他切勿參加。

這就是結局。輕輕地、沒有痕跡的一腳，貴族被排除在外，留在他理想主義的天國中。

（羅曼・羅蘭，〈羅摩克利須那的生涯／維韋卡南達的生涯與普遍的福音〉《羅曼・羅蘭全集15 傳記II》宮本正清譯，Misuzu書房，一九八〇年，頁一一八—一一九）

雖然這段描寫對迪貝德拉那稍顯壓抑，但能看出兩人之間既彼此吸引又微妙不合的關係，著實有趣。

森與羅摩克利須那之間的關係比迪貝德拉那更為親密。一八七五年，兩人初次相遇時，羅摩克利須那正在唱頌讚美印度教女神迦梨（Kali）的歌，並進入神祕體驗。當時森對此無特別感觸，但後來深入了解羅摩克利須那的情況，聆聽他的言語，見證他進入三昧狀態時的明確意識與智慧相連，內心被深深觸動，對羅摩克利須那產生了敬愛之情。據羅曼・羅蘭從某本傳記中讀到的一句話：「羅摩克利須那單純、溫和、可愛的童心，為夏布的瑜伽與宗教中的純粹無瑕帶來了色彩。」（同前揭書，頁一二二—一二四）據說羅摩克利須那曾對森等人如此說道：

為什麼要對神的各種力量如此大驚小怪呢？坐在父親前的小孩會好奇「爸爸有多少馬匹、

牛隻、房屋、土地？」嗎？孩子只是喜歡父親，並且知道自己是被父親疼愛就非常幸福了。父親照顧孩子的食衣住行，有什麼奇怪的嗎？我們都是神的孩子，神照顧我們是什麼特別偉大的事嗎？（《羅摩克利須那的生涯（下）》，頁二九三—二九四）

羅摩克利須那與神之間的親密關係，深刻影響了森對信愛與偶像崇拜的寬容。不僅是森，前述的戈斯瓦米、馬宗達等梵教會成員也紛紛聚集在羅摩克利須那身邊。此外，羅摩克利須那還在一八七二年結識了西印度的宗教與社會改革家達亞南德·薩拉斯瓦蒂（Dayananda Sarasvati, 1824-1883），後者創立了雅利安協會（Arya Samaj）。儘管之前提到馬克斯·繆勒使用「靈性」的例子屈指可數，這些例子實際上多集中於羅摩克利須那的相關記載中。

印度近代思想中的羅摩克利須那與神

如前所述，羅摩克利須那與其神祇體驗深深扎根於近代印度思想運動的核心。值得注意的是，這位宗教家在孟加拉文藝復興的理性與普世運動中占有重要地位，而孟加拉文藝復興則是一場艱難的挑戰，旨在對抗並重構西方現代與東方傳統之間的對立。梵教會人士高舉「梵」的概念，維韋卡南達則以靈性之名，將各種思想與文化的終點視為一致，並以「那個一者、普遍的一者、所有內在靈魂、所有本質與實在、永恆的自由、祝福、存在」等來表達。但對於羅摩克利須那而言，這只是他每日親見的神，因而吸引了近代印度各地知識分子追隨其腳步。有趣的是，羅伊和森這些梵教會的領導人物並不常提及「梵」這個字。雖然「梵」是一個解決矛盾與衝突的重要概念，但正因如此，他們或許避免重複談論其內在本質。他們重視理性，討論普遍的統一點，否定無神論與理神論，堅持「神」的地位，並將「梵」視為難以言述的「黑盒子」。而對神有清晰體悟的羅摩克利須那，其存在也成為近代印度普遍主義思想中不可或缺的「黑盒子」，無法被言語完整闡明，因而具有持久的吸引力。

宗教學家鶴岡賀雄以研究十字若望等聞名，對於現代世界中「宗教」願景的可能性，他提出「空洞」一詞作為關鍵字。假設宗教是一種與內在世界對立、涉及超越的活動，那麼隨著世俗化，近現代世界中「超越」的場合正逐漸消失，僅餘少數被封閉在私人領域的空間。從內在世界試圖談論超越本就困難重重。比如伊利亞德所稱「聖顯」（hierophany）的超越機制，即在此世界中呈現超越。然而在今日，這樣的形象難以維持，我們也難以再擁有一種遙望世界盡頭地平線的想像：

……我的實際感受是，在看不到盡頭的世界「之中」敞開，那「空洞」可說是現代（真要說的話）聖顯時的形象，而非世界的「盡頭」（「彼方」）。若參考通俗的現代宇宙論，「事件視界」（Event Horizon）的位子可能已經從「宇宙的盡頭」轉移到了「黑洞」吧。（鶴岡賀雄，

〈現代世界中的「宗教」願景：在與生死學糾葛中〉《生死學年報二〇二〇：生死學的未來》，頁三五）

正如鶴岡所言，雖然無法在此詳細討論他的論點，但筆者認為，近代印度思想推動者們所追求的合理普遍主義核心中，應包含與此極為相似的元素。他們挑戰西方近代與東方傳統的對立結構，試圖解決印度內外的矛盾與對立，並追求一種可共享的普遍性。然而，這種努力似乎必須在核心放置一個「空洞」般的存在才能得以成立。如今，我們試圖將近代多元化、多重化，並重新視為一種可共享的存在，卻不能僅以旁觀者的姿態分析他們，而是必須如他們一樣，直面自身的「空洞」問題。我們究竟是要生活在一個無「空洞」的世界中，還是要承認並尋求某種「空洞」？實際上，我們與過去的「近代人」延續著相同的努力，正因如此，我們才試圖對其加以分析。

延伸閱讀

羅曼・羅蘭，〈羅摩克利須那的生涯／維韋卡南達的生涯與普遍的福音〉（《羅曼・羅蘭全集十五：傳記II》宮本正清譯，Misuzu書房，一九八〇年）——「十年來，我一直立足於西方與東方之間，為此全心投入。我也想嘗試在精神的領域中——即西方與東方（誤稱為理性與信仰）之間——做同樣的事。」羅曼．羅蘭的傳記充滿了敘事的魅力。

竹內啟二，《近代印度思想的源流：拉姆．莫漢．羅伊的宗教、社會改革》（新評論，一九九一年）——這本極為珍貴的著作談論了羅伊與梵教會的思想與整體活動，尤其聚焦在羅伊對唯一神的信仰而建構普遍宗教思想的過程與意義。

臼田雅之，《近代孟加拉的國族主義與聖性》（東海大學出版會，二〇一三年）——以東孟加拉偏僻之地的某個人物與國族運動為核心，詳細描述了「聖性」在近代印度社會的表現形式及其帶來的影響。

卡皮爾．拉傑（Kapil Raj），水谷智、水井萬里子、大澤廣晃譯，《近代科學的轉移：南亞與歐洲的知識循環與建構》（*Relocating Modern Science: Circulation and the Construction of Knowledge in South Asia and Europe, 1650-1900*，名古屋大學出版會，二〇一六年）——該書重新定位了現代知識，既非以西方為中心，也不是地區主義。超越了科學作為西方近代專屬物的形象，與非西方世界國族主義科學史之間的對立。

CHAPTER

ten

第十章

「文明」與現代日本　苅部直

「文明」と近代日本

一、「文明開化」的去向

Civilization與「文明」

「文明開化」一詞作為明治維新後文化潮流的表述，應為許多人所熟知。由於這是當時的流行語，至今在談論歷史時人們仍會使用。橫濱文明堂隸屬於創立於長崎、明治時代的蜂蜜蛋糕「文明堂」集團，其極受歡迎的商品之一名為「橫濱開化酥餅」。作為十九世紀日本的象徵性詞彙，「文明開化」至今依然充滿生命力，廣為人知。

「文明」與「開化」皆為源自儒學經書的漢語詞彙。然而，當這兩詞組合成「文明開化」並作為日文詞彙使用時，它已不再是傳統的古文。在德川時代，日本結束了長期的「鎖國」政策，開始吸收西方文明。於此時代，日本人提出了人類奮鬥的新方向，而「文明開化」這個關鍵詞也因此應運而生。

「文明開化」這個日文詞彙可能是由福澤諭吉（一八三五—一九〇一）所創造的。他的著作《西洋事情》番外篇出版於慶應四年（一八六八）。這本著作是福澤諭吉將約翰・希爾・巴爾頓（John Hill Burton, 1809-1881）於英國出版的政治經濟學教科書《政治經濟學：為了學校教育與家庭教育》（*Political Economy : for Use in Schools and for Private Instruction*, 1852）翻譯後，輔以各種書籍的節錄，彙編成冊的一本書。

在本書中，福澤諭吉將原文civilization翻譯為「文明開化」。在《西洋事情》初版（一八六六）中已使用「文明」一詞。有學者指出，在初版發行前一年，已有其他人撰寫的報導使用「文明開化」一詞，但由於《西洋事情》初版及番外篇的暢銷，使得「文明開化」和「文明」作為civilization的翻譯迅速普及，因此這一詞彙流行的功勞可歸於福澤之作。不久後，「開化」也作為civilization的翻譯而被單獨使用，成為當時的流行語。

在明治維新開始約十年後，日本人以「文明開化」、「文明」、「開化」為口號推動現代化：穿西式「洋服」和鞋子，剪掉傳統髮髻改為西式髮型，閱讀英文、德文、法文書籍吸收知識與思想，投入基督教信仰，建造鐵路通行火車，從西方引入工業機械並學習操作技術，制定公司與商業交易制度，編撰西式法典，設立議會、致力於建立中央集權的國家機構，仿效西方強國建軍——從哲學、藝術、宗教到科技、法律制度與日常風俗，當時的日本人熱中於全面接納西方文化。「文明開化」一詞可說是對當時社會整體趨勢的最佳概括。

關於「文明」與野蠻的對比，以及從野蠻進步至「文明」的程度而言，當時全球普遍認為西方國家的文明程度高於日本等「東方」國家。推動「文明開化」的努力同時也反映了接納十九世紀西方哲學進步史觀的過程。若以二十世紀以後的視角來看，這或許似乎是在迎合西方的自我文化中心主義。

進步的意識

在日本推行王政復古與廢藩置縣後，日本人從階級制度的束縛中獲得解放。當時的日本人接觸到主張人類平等的哲學、井然有序的法律制度以及體系化的自然科學與技術後，自然而然地坦率接受了自身的「開化」。雖然其與傳統思想的關係尚有其他值得探討的面向，但在此需先確認這一點，繼續討論。

因此，與福澤相似，一批知識分子在德川時期末期至明治初期造訪西方各國，吸收當地最新的學問，並試圖將西方先進的「文明」成果推廣至日本社會。其中最具代表性的團體便是福澤參與的「名六社」。

明六社的社員發行了雜誌《明六雜誌》（共四十三號，一八七四－一八七五年），在其中發表論述，並舉辦定期會議，於聽眾前演說與討論。他們不僅普及來自西方的學問，同時也開發了知識流通所需的媒體，促使社會風氣隨之改變。

《明六雜誌》第一號（一八七四年三月）的封面文章是西周的〈以洋字書國語論〉。西周（一八二九－一八九七）是明治政府兵部省的洋學學者，生於津和野。德川時期末期，他曾任職於幕府直屬的洋學研究教育機構——蕃書調所，並赴荷蘭留學。王政復古後，他隨末代將軍德川慶喜移居靜岡，並出任沼津兵學校校長，但後來應明治政府的邀請，前往「東京」新政權服務。

西周在文章開頭指出，西方與日本在「文明」發展程度上存在巨大差距，對此現狀深感遺憾。「每當與歐洲各國比較時，我們便欽羨其文明，感嘆我國的不開化，只得歸咎於民眾愚昧，令人唏噓長嘆」（山室信一、中野目徹校註，《明六雜誌》上卷，岩波文庫，一九九九年，二七頁）。為了縮小這一差距，盡可能追趕先進國家，無論是學問內容還是表達學問的文風，都應與西方接軌。因此，西周主張日文應採用「洋字」——即以羅馬拼音標記，以便於文字學習和對西方語言的掌握。

「文明開化」的進行

回顧歷史，我們可以看出西周當時的焦慮不過是杞人憂天，而他的建議也顯得過於激進。此後約十年間，日本接納西方思想、學問、科技的速度遠超過西周的預期。在《明六雜誌》發行前一年，東京銀座已建成西式磚瓦街道，「文明開化」的風尚逐漸從大都市和開港地區擴展到全國各地。官方設立了高等教育機構，如開成學校、醫學校、司法省法學校、工學校等，初期皆由西方教師授課，培養出來的日本知識分子則以日文和本國文字傳承並討論西方學問，並將之傳授給下一代。同時，也推動了立憲制度的導入，並在西周文章發表後的十六年正式成立國會。

對「文明」的懷疑

「文明開化」的迅速進展令當時的人們深感驚異。德富蘇峰（一八六三—一九五七）曾在熊本洋學校和京都的同志社學習，隨後返回故鄉熊本大江村開設私塾。他在著作《第十九世紀日本青年及其教育》（一八八五年）如此提到：「據『泰西開化史』記載，歐洲各國從『封建割據時代』到達現今的『文明』，歷經四、五百年。然而日本卻『以瞬息間奔馳過此數百年』。因此，『數百年前的封建殘黨』與『數百年後的文明分子』得以同時代、共社會地共存，形成了一種在短時間內如『夢幻』般出現的奇異現象。」（植手通有編，《明治文學全集三十四：德富蘇峰集》，筑摩書房，一九七四年，頁一五一—一五二）

此時蘇峰所說的「封建」並非東亞傳統政治分類中的封建制或郡縣制概念，而是「feudalism」[1]的翻譯。在人類社會中，任何國家都會經歷「封建社會」進步至「自由主義社會」，並提高其「文明」程度。這是從十九世紀西方文明史著作中學習而來的新歷史觀。當時，日本的老人仍被「封建時代」的儒學與國學思想所束縛，而年輕人則透過學問吸收西方的

1 譯註：Feudalism（封建制度）在中世紀歐洲是一種以土地分封為基礎的社會、政治體系，領主將土地分給封臣，封臣為其提供軍事服務或其他義務。這種制度建立在領主與封臣間的契約關係上，並形成地方自治、分權管理的結構。

「文明」。在蘇峰眼中，這兩個世代之間正不斷對抗，構成了當時的日本社會。

然而值得深思的是，當時對於「文明開化」已有批判的觀點。從另一角度看，「封建的殘黨」與「文明分子」並存，意味著儘管日本社會逐漸接受西方「文明」，這種接納僅限於部分社會群體，如都市區與年輕人。因此，當時社會中也存在不同的觀點與質疑聲音。

兩年後，蘇峰在東京發行的《新日本之青年》（一八八七年）中收錄了該文章，並進一步指出西方「文明」的兩面性：具有道德性的「精神文明」和陷於拜金主義、競爭激烈的「物質文明」。他批評明治時期的日本僅推崇「物質文明」，而由於許多人尚未真正體驗新「文明」，「物質」面向便成了日本「文明開化」的極限。蘇峰在前一年出版的《將來之日本》（一八八六）中，對社會的演化——從「實力社會」、「封建社會」到「和平世界」（即民主，當時稱為「平民主義」）高聲論述，廣受好評，卻未使用「文明」一詞。到明治十九年時，「文明開化」和「文明」已僅象徵對西方的表面模仿，其黃金時期已然過去。

「文化」的禮讚

一九一一年（明治四十四年）是明治時代的最後一年。夏目漱石（一八六七—一九一六）在演講「現代日本的開化」中尖銳批判近代日本的「開化」，認為這不過是屈服於西方各國壓力，僅模仿西方文化的「外表」而已。進入大正時期，阿部次郎（一八八三—一九五九）與和辻哲郎

（一八八九—一九六〇）曾師從德裔俄羅斯哲學家兼音樂家拉斐爾・馮・庫伯（Raphael von Koeber, 1848-1923），並提出新關鍵詞「文化」以對抗「文明」，開展了自己的論述，這便是大正時期的「教養派」。

德國的「有教養市民階層」（德文：Bildungsbürgertum）將哲學、藝術、宗教等精神活動及其作品稱為「文化」，並將「文明」貶低為僅服務於物質欲望的技術集合體，「教養派」忠實繼承了這一觀點。透過廣泛鑑賞這些「文化」產物，展開自我陶冶、提升人格的過程才稱為「教養」（德文：Bildung）。阿部次郎的《三太郎的日記》（一九一四年）與和辻哲郎的《偶像再興》（一九一八年）廣受青年歡迎，並搭上了岩波書店的出版事業浪潮，引發了大正時期的「教養」風潮。年輕一代超越了專注於物質「文明」的明治舊世代，追求高尚的「文化」，並對此深感自豪。

「文明」（法文：civilisation）一詞於十八世紀中葉由政治家兼經濟學者安・羅伯特・雅克・杜閣（Anne-Robert-Jacques Turgot, 1727-1781）所創，據說最初是法國文人用來讚美當時習俗的詞彙，隨後逐漸流傳開來（尼爾・弗格森，《文明》，仙名紀譯，二〇一二年，頁二七）。福澤諭吉閱讀蘇格蘭學者巴爾頓的著作，及德富蘇峰研讀文明史中的civilization概念，皆是源於法國用法傳入英語後的影響。

相較之下，大正時期開始流行的「文化」（德文：Kultur）與「文明」（德文：Zivilisation）對立觀念，則源自德國的概念。此觀念隨新人文主義潮流興起於德國，以十八世紀末的約翰・沃夫岡・馮・歌德（Johann Wolfgang von Goethe, 1749-1832）與約翰・戈特弗里德・赫德（Johann Gottfried von Herder, 1744-1803）為代表，其中的「教養」觀念也在日本廣為流行。德國在十九世紀討論「文化」與「文明」的對立，主要源於對法國這一「文明」先進國家的對抗意識。阿部次郎與和辻哲郎的「文明」批判則不同，指向的是明治時期的舊世代。

昭和的「文明」批判

隨著昭和時期的到來，左翼的馬克思主義與右翼的「日本精神」論、國體論的對立逐漸主導了言論界，「教養派」在這兩者的夾擊下逐漸衰退。然而，即便經歷這些變化，對「文明」的批判與冷漠視角依然存在。自一九三〇年代後期左翼勢力隱退以來，代表日本浪漫派的保田與重郎在中日戰爭期間發表評論，題為〈關於文明開化邏輯的終結〉（一九三九年，後收錄於單行本中）。保田批評知識分子僅關注西方文化的表層「翻譯與編輯」，這種「文明開化的邏輯」從明治初期延續至昭和的馬克思主義者，卻與「日本大眾的理念與現實」脫節，這便是保田的「文明開化」論。

作家林房雄（一九〇三—一九七五）當時站在與日本浪漫派相似的立場，於大東亞戰爭期間舉辦的「現代的超克」座談會中（《文學界》一九四二年十月號），尖銳批評明治的「文明開化」

是「對歐洲的屈服」，認為「文明開化只是實用品文化，毫無文化根源」。此種「文明」與「文化」的對比正是「教養派」的用法。然而，作為精神象徵的「文化」，林提出的是西鄉隆盛與「勤皇之心」（投稿至該雜誌特輯的評論標題），而非阿部與和辻所讚揚的古希臘或當時的西方哲學。時代的風潮可謂又流轉了一輪。

二、超越西方中心主義

為「文明」而喜的庶民

讚美欲望、偏重物質、僅具表面西化的現象——這類對「文明開化」的批判在明治十年左右已開始萌芽，並於大東亞戰爭時期[2]達到高潮。戰後，文化改革更被視為由上而下的強權推動。遠山茂樹的《明治維新》是以馬克思主義歷史觀研究近代史的代表作品，他在書中寫道：「文明開化的勝利即是絕對主義權力的勝利。領導層所推動的歐美文化移植，與人民的貧困現

2 譯註：大東亞戰爭時期是指從一九四一年至一九四五年第二次世界大戰期間，日本在亞洲及太平洋地區的軍事行動。該戰爭自一九四一年十二月日本突襲珍珠港後全面爆發，日本隨即進攻東南亞，意圖建立以日本為中心的「大東亞共榮圈」，宣稱要解放亞洲各國擺脫西方殖民統治。

實生活之間差距越大，人民就越認為那是領導層展示權威的手段。」（岩波全書，一九五一年，頁三〇二）

在他的理解中，所謂「文明開化」只是明治政府為實現西式「富國強兵」的目標而強行推動的政策，對於習慣並熱愛傳統生活方式的「人民」而言，這無疑是一種令人困擾的壓抑。直至今日，持有此觀點的歷史學者依然為數不少。

但實際情形卻非如此，當時的庶民對「文明開化」多抱有好感。通俗作家筆名垣魯文（一八二九—一八九四）便在其作品《西洋道中膝栗毛》（共十五篇，一八七〇—一八七六。第十二篇以後由總生寬代筆）中描繪了當時庶民的反應。此書借鑒了德川時代的滑稽本[3]風格，尤其是十返舍一九（一七六五—一八三一）的《東海道中膝栗毛》，將主角設定為喜多八與彌次郎兵衛的同名孫子搭檔，從江戶出發乘蒸氣郵輪經印度、埃及到達英國倫敦，展開環遊世界的故事。作者雖未實際去過歐洲，卻參考了福澤諭吉的《西洋事情》、《西洋旅案內》、《西洋衣食住》等書中的地圖和照片，並詢問從歐洲歸國者，以豐富想像力完成了這部作品。

在其開頭作者如此寫道：

文明開化當時之旅與過往不同。世界萬國來往若親。不僅如此，陸上有蒸汽火車，海河中備有蒸汽船等器械。遊本國有若庭園。鬼門關外亦不遠之。五十三驛、六十九宿。奧之細道、蝦夷十州。大砲一發三千里。啟程之酒仍未醒，入港抵達如神速，實為天恩之御新制。為最可貴之時代也。（小林智賀校訂，《西洋道中膝栗毛》上卷，岩波文庫，一九五八年，頁五〇）

蒸汽火車與蒸氣郵輪是當時西方「文明」的象徵，也是日本「文明開化」的代表性標誌之一。這些技術不僅作為旅行故事的背景，更承載了更宏大的意涵。「文明開化」透過卓越的技術支撐，加速並擴大了社會溝通的範圍。在《為最可貴之時代也》中，對於王政復古和廢藩置縣所帶來的「天恩」與「文明開化」，充滿了坦率的歡迎與期待之情。

在一八七四年（明治七年）發行的第十三篇中，描寫喜多八與彌次郎兵衛對倫敦博覽會的「開化」大為讚歎，同時囂張地向英國人宣稱：「日本此時也大幅推動開化，不僅有蒸汽機、鐵路電信機等各種器械，甚至有照片，已大致與西方無異」（下卷，頁一三九）。這兩人的言行帶有諷刺意味，但也反映出當時庶民對於急速「文明開化」的真切喜悅。

3　譯註：滑稽本是江戶時代後期流行的通俗小說，主要以風趣、諷刺手法描寫庶民生活，分為「前期」和「後期」兩階段。前期滑稽本以批判性與教訓性為主，如平賀源內的《根南志具佐》，以虛構場景銳利諷刺時局。隨著寬政改革壓制諷刺，後期滑稽本轉向幽默趣味，以十返舍一九的《東海道中膝栗毛》為代表，描寫彌次郎兵衛和喜多八的滑稽旅程。滑稽本在明治初年依然風行，影響後世通俗文學的發展。

傳統思想中的「文明」

實際上就如同渡邊浩的論文〈「進步」與「中華」：日本的狀況〉（收錄於《東亞的王權與思想》，東京大學出版會，增補新裝版，二〇一六年）所說明的，其實從德川時代後期開始，學者和文人的著作中已經出現社會「敞開」的概念，反映了人們對經濟繁榮、新物品流通和文化提升的實際感受。對庶民而言，明治維新後的「文明開化」只是承接前一時代的延續性變化。「開化」之所以被選為civilization的翻譯，正是因應這種持續敞開發展的感覺。

此外，「開化」還與道德素養的提升息息相關。《西洋道中膝栗毛》第二篇的一段插曲便體現了這一點。在前往西方的旅途中，喜多八髮髻鬆垮，彌次郎兵衛卻未提醒，使喜多八在旅途中丟臉。喜多八在發現後，斥責彌次郎兵衛「沒人情」，兩人因此爭論起來。彌次郎兵衛回擊道：「你真是一個假開化的鄉巴佬。」由此可見，彼此關懷的「人情」在當時被視為「開化」的一種象徵。

而且，將「文明」與「開化」作為civilization的漢字譯語，本身就蘊含強烈的道德意涵。這兩個詞與儒學思想中的理想世界密切相關，描繪出經書傳承的古代聖王治世中，道德普及、人們和諧共處的景象。「文明」一詞源於《書經》〈舜典〉，用以讚頌理想聖王舜的崇高德行。此外，《易經》〈乾卦文言傳〉中用「天下文明」形容德行高尚的統治者感化下的安定世間，而「開化」則象徵此教化作用的開端。在朱子學註釋《書經集傳》中，蔡沈將「文明」解釋為「文理而光明」，意指人們克制情欲，發揮心中本有的「理」，達成萬物和諧。「文明」一詞正是這理想世界所綻放的美麗光輝。

「文明」的道德性

十八世紀的盧梭（Jean-Jacques Rousseau, 1712-1778）在《論科學與藝術》等著作中探討了civilization對人性腐化的影響，若從此角度出發，或許會認為將其譯為「文明」有所誤解，但實際並非如此。在福澤諭吉的《西洋事情》外篇中，他將巴爾頓原書中題為「Civilization」的章節譯為第一卷第四章「世界的文明開化」。該章節所描述的「文明」如下所示：

> 綜覽歷史，人生之始皆為愚昧，而漸漸走向文明開化。在愚昧無知的世界中，禮義之道未盡，人無法控制血氣與情慾。大制小、強虐弱、視配偶婦人如奴婢、父御子等，此無道卻無人能制。且世間互信之意甚薄，交際之道尤窄，亦無法制定制度以謀取大眾之利益。隨世間邁向文明，此風漸息，人可重禮義且制情慾，大助小、強護弱，人互信且不顧己私，為社會大眾謀便利者眾。（《福澤諭吉全集》第一卷，岩波書店，一九五八年，頁三九五）

對照原文可知，此譯文非常忠實地呈現了原意。隨著「文明」的進步，人類從「愚昧」邁向「文明開化」。在這種「文明」狀態的描述中，除了男女平等，還提及「重視禮義且節制情欲」、「彼此信任且不顧私利」，這與儒家理想的和諧狀態相通。而其中的「禮義」對應原文的「道德情感」（the moral feelings），代表對他人的尊重與公平，是儒學五常之德的重要組成之一。

換言之，十九世紀西方的文明論與文明史著作中，已出現如盧梭般的批判性思維，認為文明並非僅靠人類進步而帶來的功利性智慧，也需在道德層面有所提升。英國學者亨利・湯瑪斯・巴克爾（Henry Thomas Buckle, 1821-1862）在《英國文明史》（*History of Civilization in England*, 1851-1861）中論及智慧（intellect）與道德（moral）兩者相輔相成、共同提升才是真正的文明進步。福澤諭吉撰寫《文明論之概略》（一八七五年）時，想必參考了此書，而德富蘇峰應該也曾拜讀。

福澤諭吉在《文明論之概略》中受到此思想的影響，主張「智慧」與「德」的雙向發展才是真正的「文明」進步。滿足人類欲望、改善生活的技術開發僅是「文明」的一部分。即便十九世紀的西方國家在「智慧」方面遠超日本，但從歐洲國家間的戰爭及對亞洲和非洲的侵略來看，其「德」的發展仍然有限。然而，隨著「文明」的持續進步，「德」將逐漸豐盛廣布，最終在數百年甚至數千年後，各國將和平共存，實現「文明太平」。福澤所描繪的人類歷史願景並非德富蘇峰所批評的「物質文明」自我擴張，而是超越十九世紀人類欲望與紛亂的狀態，最終邁向世界和平之路。

三、十九世紀的各種面向

世界史哲學

在大東亞戰爭時期的座談會「現代的超克」中，主持人河上徹太郎（一九〇二－一九八〇）致詞後，首先發問的是西方史學者鈴木成高（一九〇七－一九八八）。鈴木在座談會結束後，由舊制第三高等學校教授轉任京都帝國大學文學部助教授。當時，他與京都帝國大學的教授、助教授等哲學家，包括高坂正顯（一九〇〇－一九六九）、高山岩男（一九〇五－一九九三）、西谷啟治（一九〇〇－一九九〇）等人，共同提倡「世界史哲學」，並強調大東亞戰爭在思想史上的重要意義。

在座談會開場中，鈴木提到當前應「超克」的正是「現代」中自法國大革命後形成的十九世紀歐洲面貌。他表示：「在政治上是民主，在思想上是自由主義，在經濟上則是資本主義，我認為這可稱之為十九世紀。」根據鈴木在會中的其他發言，這並非全新趨勢，而是從否定「中世紀」而來，自文藝復興以來的整個「現代」便已顯露此傾向。他並指出，由於此「現代」的本質傳統上與「歐洲」緊密相連，因此大東亞戰爭被視為「超越歐洲世界主宰」的嘗試，即為「現代的超克」。

鈴木與其他三位「京都學派」哲學家在戰時的發言，並非完全出於對時局的迎合。他們字面上接受了大東亞戰爭的目的，並試圖將戰時體制的運作引導至更合理的方向。然而，面對戰時國民所承受的痛苦以及最終的敗戰結果，此嘗試終究以失敗告終。

在戰後的對決

戰後，對於鈴木的十九世紀至二十世紀文明史理解，政治學者丸山真男展開了正面的論戰。丸山在戰時便對「現代的超克」持批判態度，並從尊重理念的「現代」立場持續研究思想史。一九五四年（昭和二十九年），在座談會「共同討論——世界史中的現代」（收錄於《現代史講座別卷戰後日本的動向》，創文社）中，鈴木與丸山終於展開了直接對話。

在這場討論中，丸山對鈴木的批判之一在於對十九世紀在思想史中的定位。丸山指出，大眾民主（Mass democracy）的興起和技術擴張等「現代」趨勢早已在十九世紀展開。他表示：「容我稍微回溯歷史，我希望將現代的開端定在帝國主義開始之前的階段，即十九世紀中期。」（同前揭書，頁一八〇）鈴木將十九世紀視為自文藝復興以來「近代」的延續，而丸山則認為十九世紀已展現出不同於「近代」的「現代」開端，兩者在觀點上形成鮮明的對立。

若綜合兩人在其他著作中的主張，鈴木認為，十九世紀西方物質主義的橫行及以工業發展為基礎的帝國主義對世界的支配，是「現代」自始就隱含的問題。為超越這些問題，需恢復精神文化的豐富性，使非西方地區亦能自立，構建多元的世界秩序。戰時的「世界史哲學」即基於此立場，提倡超克「現代」這一歷史時代。相較之下，丸山認為「十八世紀啟蒙精神」所體現的自由與人權原則，是人類應普遍追求的理想，並基於此立場讚揚「現代」，以此為基礎分析二十世紀，並賦予十九世紀承前啟後的意義。

鈴木認為「現代」的問題集中體現在十九世紀；而丸山則聚焦於十九世紀的新趨勢，並認為其正反兩面皆延續至「現代」。若從世界哲學的視角來看，兩人對立的觀點揭示了他們歷史觀的差異，反映出十九世紀西方哲學和思想的多重面向。而處於「文明開化」期的日本人，也可以說捕捉到了這些多面性中的重要一環。

延伸閱讀

福澤諭吉，《文明論之概略》（松澤弘陽校註，岩波文庫，一九九五年）——關於明治時期的思想家怎麼思考「文明」，為了瞭解其思考的深度與廣度，閱讀本書是最佳途徑。優異的註解也有助於理解。也可閱讀松澤弘陽的《現代日本的形成與西方經驗》（岩波文庫，一九九三年）作為輔助。

河野有理，《明六雜誌的政治思想：阪谷素與「道理」的挑戰》（東京大學出版會，二〇一一年）；李世鳳，《追求「自由」的儒者：中村正直的理想與現實》（中央公論新社，二〇二〇年）——阪谷素與中村正直（敬宇）皆是朱子學者，而且理解現代西方的哲學與政治思想，努力令其扎根於日本。這是兩部重要的研究著作，可供理解德川時代到明治時代思想的連續與變化。

小坂國繼，《明治哲學的研究：西周與大西祝》（岩波書店，二〇一三年）——本章幾無介紹於現在學術中從事近於哲學研究的明治思想家，本書有助於了解此方面。

松田宏一郎，《擬制的邏輯 自由的不安：現代日本政治思想論》（慶應義塾大學出版會，二〇一六年）——如何學習西方思想獨自發展的虛構思考技術，這是世界上其他地區的知識分子在十九世紀以後致力的課題。在本書中，可以看到日本思想家關於「自由」、「平等」、「國家」、「社會」概念的思索。

苅部直，《前往「維新革命」的道路：追求「文明」的十九世紀日本》（新潮選書，二〇一七年）——為了讓各位讀者了解本章之背景見解而列出。「和魂洋才」、「富國強兵」等是明治政府打出的標語，但只要閱讀本章與本書，應該就不會再重蹈如日本現代弊病的覆轍。

後記　伊藤邦武

本冊主要介紹了十九世紀的世界哲學，而這個世紀對我們日本人的「哲學」概念具有特別的意義。日本在十七世紀前半經歷了約兩百年的鎖國時期，然而，這一狀態被美國黑船的到來所打破。在迫不得已開國的情況下，日本民眾開始接觸到西方文明，這些風俗、學術、技術等各方面的要素，與日本的傳統文化完全不同，這是一個前所未有的經驗。從江戶末期到明治初期，西方帶來了「哲學即對智慧的愛」的概念，這對當時的日本人來說，可能既是新奇的，又是艱深晦澀的，充滿著複雜的思維挑戰。

然而，這也引發了另一個問題：當我們考量到明治維新時西方哲學傳統的引入，這種由外部強加的文化吸收方式，與今天全球範圍內持續活動的哲學世界化運動究竟有什麼樣的關聯呢？

我們當前經驗到的哲學全球化，一方面依賴於高度發展的通訊與交通技術，但這同時也揭示了其局限性。我們所身處的環境、生命、信仰、語言等人類價值的基石，如今正面臨著根本性的危機。十九世紀的日本在不得已的情況下開國，面對著生命與文化存亡的危機，迫使日本人尋求知識的聯繫與交流。在這種現代意識的交織下，即便不同時代和地理環境的擴展有其獨特傾向，但依然存在著相似的重疊面向。

無論如何，哲學全球化並非僅僅是多種文化和信仰體系之間的交互流動，它還應伴隨著對知識體系中界限的深刻意識，這種界限意識是無法輕易克服的。為了突破這些界限，我們必須對過往的世界觀展開大規模的脫鉤。明治維新時期的日本經驗中蘊含了一種悖論式的動力，這場運動推翻了武士社會中上下制度的秩序，最終導致了武士階級的消失。當今的哲學全球化運動，想必也展現了類似的悖論性。

我在第六冊的後記中曾提到，儘管本系列的編輯工作被前所未見的全球病毒大流行所捲入，但在這場危機中，依然有許多人為此犧牲奉獻並付出努力，才使得工作得以持續運轉。這其中，筑摩書房的松田健先生是努力的核心人物，他每天不辭辛勞地應對數不盡的複雜需求，我想在本冊再次對他表達誠摯的感謝。

作者簡介

伊藤邦武（Ito, Kunitake）（前言、第一章、後記）

一九四九年生，京都大學榮譽教授。京都大學大學院文學研究科博士課程中退；史丹佛大學研究所哲學科碩士畢業。專攻分析哲學、美國哲學。著有《實用主義入門》（筑摩新書）、《宇宙為何會成為哲學問題》（筑摩primer新書）、《珀斯的實用主義》（勁草書房）、《詹姆士的多元宇宙論》（岩波書店）、《話說哲學的歷史》（中公新書）等作品。

中川明才（Nakagawa, Akitoshi）（第二章）

一九七一年生，同志社大學文學部教授，於同志社大學大學院文學研究科修畢博士課程後期退學，專攻德意志古典哲學。著作有《費希特知識學的根本結構》（晃洋書房）、《費希特知識學的全貌》（共著，晃洋書房）。譯書為《閱讀費希特》（晃洋書房）等。

竹內綱史（Takeuchi, Tsunafumi）（第三章）

一九七七年生，龍谷大學經營學部教授，於京都大學大學院文學研究科修畢博士課程後退學，為博士（文學）。專攻宗教哲學。論文有〈尼采的虛無主義與身體〉（《宗教哲學研究》第三十三號）、〈沒有超越者的自我超越：尼采的超越與倫理〉（《倫理學研究》第四十九號）、〈關於尼采的同情：共苦批判〉（《龍谷哲學論集》第三十四號）等。

佐佐木隆治（Sasaki, Ryuji）（第四章）

一九七四年生，立教大學經濟學部副教授，於一橋大學大學院社會學研究科修畢博士課程，為博士（社會學）。專攻經濟理論、社會思想。著作有《增補改訂版　馬克思的物化論》（社會評論社）、《卡爾・馬克思》（筑摩新書）、《馬克思 資本論（世界的思想系列）》（角川選書）、《馬克思與生態學》（共同編著，堀之內出版）等。

神崎宣次（Kanzaki, Nobutsugu）（第五章）

一九七二年生，南山大學國際教養學部教授，於京都大學大學院文學研究科修畢博士課程並接受研究指導後退學，於京都大學取得文學博士。專攻倫理學。著作有《從機器人開始的倫理學入門》（合著，名古屋大學出版會）、《太空倫理學》（共同編著，昭和堂）等。

原田雅樹（Harada, Masaki）（第六章）

一九六七年生，關西學院大學文學部教授，於巴黎第七（狄德羅）大學研究所專攻科學史、科學哲學，修畢博士課程，為博士（科學史、科學哲學）。專攻法國哲學、物理學哲學。著作有*La physique au carrefour de l'intuitif et du symbolique*（Vrin）、《知識論》（合著，慶應義塾大學出版會）、《主體的邏輯、概念的倫理》（合著，以文社）。

小川仁志（Ogawa, Hitoshi）（第七章）

一九七〇年生，山口大學國際總合科學系教授，於名古屋市立大學院大學研究科修畢博士課程，為博士（人類文化）。專攻公共哲學。著作有《何謂公共性主義》（教育評論社）、《第一次接觸政治哲學》、《推動美國的思想》（以上為講談社現代新書）、《脫離永續敗戰論》（朝日新聞出版）、《學五天能用一輩子！簡報的教科書》（筑摩Primer新書）等各種書籍。

三宅岳史（Miyake, Takeshi）（第八章）

一九七二年生，香川大學教育學部教授，於京都大學大學院文學研究科修畢博士課程並接受研究指導後退學，為博士（文學）。專攻法國近現代哲學。著作有《柏格森哲學與科學的對話》（京都大學學術出版會）、《「現在」的謎》（合著，勁草書房）、《解剖柏格森「物質與記憶」》（共著，書肆心水）等。

富澤加奈（Tomizawa, Kana）（第九章）

一九七一年生，靜岡縣立大學國際關係學部副教授，於東京大學大學院人文社會研究科修畢博士課程，為博士（文學）。專攻宗教學。論文有〈亞洲與分類：共通的課題、共通的希望〉（U-PARL編《圖書館所連結的亞洲知識：從分類法考量》東京大學出版會）、〈三個國家的「世俗主義」：從南亞來考量這個詞的意義〉（池澤優編，《現在面對宗教四：政治化的宗教、宗教化的政治》岩波書店）等。

苅部直（Karube, Tadashi）（第十章）

一九六五年生，東京大學法學部教授。於東京大學大學院法學政治學研究科修畢博士課程，為博士（法學）。專攻日本政治思想史。著作有《光之領土和辻哲郎》（岩波現代文庫）、《丸山真男》（岩波新書）、《秩序之夢》（筑摩書房）、《前往「維新革命」的道路》（新潮選書）、《日本思想史名著三十》（筑摩新書）、《走向日本思想史的導覽》（NTT出版）等。

大河內泰樹（Okochi, Taiju）（專欄一）

一九七三年生，京都大學大學院文學研究科教授，於一橋大學大學院社會學研究科修畢博士課程後退學，為波鴻魯爾大學博士（哲學）。專攻現代德國哲學。著作有*Ontologie und Reflexionsbestimmungen: zur Genealogie der Wesenslogik Hegels*（Königshausen & Neumann）。《何謂政治中正確：後基礎主義與規範的去向》（合著，勁草書房）等。

山脇雅夫（Yamawaki, Masao）（專欄二）

一九六五年生，高野山大學文學部教授，於京都大學大學院文學研究科修畢博士課程，為京都大學博士（文學）。專攻德意志古典哲學。論文有〈判斷與推理：黑格爾中間項的本體論〉（《情況》第四期第五卷第三號）、〈作為「概念」實現的思量：《精神現象學》緒論中知識的結構〉（《高野山大學論叢》第五十四卷）等。

橫山輝雄（Yokoyama, Teruo）（專欄三）

一九五二年生，南山大學名譽教授，於東京大學大學院理學研究科修畢博士課程，取得博士課程學分。專攻科學哲學、科學思想史。著作有《達爾文與演化論的哲學》（編著，勁草書房），譯書有《查爾斯・達爾文》《拉馬克與演化論》（以上為朝日新聞社）等。

谷壽美（Tani, Sumi）（專欄四）

一九五三年生，慶應義塾大學名譽教授，於慶應義塾大學大學院修畢博士課程，為博士（文學）。專攻宗教哲學、俄羅斯思想。著作有《索洛維約夫的哲學：關於俄羅斯的精神風土》（理想社）、《追尋索洛維約夫一生的變化》（慶應義塾大學出版會）等。

年表

＊粗體字為哲學相關事項

西元	歐洲、美國	北非、亞洲（東亞以外）	中國、朝鮮	日本
1700年	**1700年，柏林科學院成立。** 1701年，普魯士王國成立。 **1706年，班傑明・富蘭克林出生（-1790年）。** 1707年，大不列顛王國成立。	**1700年，什葉派傳承學者穆罕默德・巴克爾・馬傑萊西過世。** **1703年，印度的伊斯蘭改革家夏・瓦利澤拉・德拉維出生（-1762年）。** **伊斯蘭瓦哈比派創始人穆罕默德・伊本・阿卜杜勒瓦哈布（Muhammad ibn Abd al-Wahhab）出生（-1792年）。**		1707年，富士山爆發。 **1709年，荻生徂徠設立蘐園塾。**
1710年	**1711年，休謨出生（-1776年）。** **1712年，盧梭出生（-1778年）。** **1713年，狄德羅出生（-1784年）。** 1714年，英國，漢諾威王朝成立（-1901年）。 **1717年，達朗貝爾出生（-1783年）。**	**1715年，什葉派哲學家穆拉・穆罕默德・拿拉奇（Mulla Muhammad Mahdi Naraqi）出生（-1795年）。**	1716年，《康熙字典》成書。 **1719年，莊存與出生（-1788年）。**	**約1715年，新井白石完成《西洋紀聞》。** 1716年，享保改革開始。

西元	歐洲、美國	北非、亞洲（東亞以外）	中國、朝鮮	日本
1720年	1723年，亞當·史密斯出生（-1790年）。 1724年，康德出生（-1804年）。 1729年，柏克出生（-1797年）。	1722年，什葉派哲學家米爾扎·穆罕默德·薩迪克·阿德斯塔尼（Muhammad Sadiq Ardestani）過世。	1720年，王鳴盛出生（-1797年）。 1723年，雍正皇帝登基（-1735年）。雍正皇帝禁止天主教傳教 1724年，戴震出生（-1777年）。紀昀出生（-1805年）。 1727年，趙翼出生（-1812年） 1728年，錢大昕出生（-1804年）。 1729年，雍正皇帝頒布《大義覺迷錄》。	1723年，三浦梅園出生（-1789年）。 1724年，懷德堂設立。
1730年	1739年，休謨出版《人性論》（-1740年）。	1731年，敘利亞的神祕思想家阿卜杜勒·加尼·納布爾西過世。	1735年，段玉裁出生（-1815年）。乾隆皇帝登基（-1795年在位）。 1738年，章學誠出生（-1801年）。	1730年，本居宣長出生（-1801年）。中井竹山出生（-1804年）。

西元	歐洲、美國	北非、亞洲（東亞以外）	中國、朝鮮	日本
1740年	1740年，奧地利王位繼承戰爭（-1748年）。 1743年，孔多塞出生（-1794年）。傑佛遜出生（-1826年）。 1748年，孟德斯鳩出版《法意》。邊沁出生（-1832年）。		1744年，王念孫出生（-1832年）。	1742年，《公事方御定書》頒布。 1748年，山片蟠桃出生（-1821年）。
1750年	1756年，1755年，盧梭出版《論人類不平等的起源》。 七年戰爭爆發（-1763年）。 1758年，羅伯斯比爾出生（-1794年） 1759年，亞當・史密斯出版《道德情感論》。	1753年，謝赫派創始者謝赫・艾哈邁德（Shaykh Ahmad）出生（-1826年）。 1756年，什葉派神祕思想家努爾・阿里・沙阿（Nur ‘Ali Shah）出生（-1798年）。 1757年，普拉西戰役。		1755年，海保青陵出生（-1817年）。
1760年	1762年，盧梭出版《民約論》、《愛彌兒》。 1763年，英法簽訂《巴黎和約》，七年戰爭結束。 1769年，瓦特改良蒸汽機。	1763年，鄂圖曼帝國宰相、藏書家拉吉卜・帕夏過世。 1765年，英國東印度公司獲得孟加拉、比哈爾邦、奧里薩邦的統治權。	1763年，焦循出生（-1820年）。 1764年，阮元出生（-1849年）。 1766年，王引之出生（-1834年）。	1767年，曲亭馬琴出生（-1848年）。

西元	歐洲、美國	北非、亞洲（東亞以外）	中國、朝鮮	日本
1770年	1770年，黑格爾出生（-1831年）。拉格朗日出版〈方程式代數解的思考〉。 1772年，諾瓦利斯出生（-1801年）。李嘉圖出生（-1823年）。 1775年，謝林出生（-1854年）。 1776年，《美國獨立宣言》發布。湯瑪斯・潘恩出版《常識》。亞當・史密斯出版《國富論》。 1777年，高斯出生（-1855年）。	1772/4年，英屬印度學者拉姆・莫漢・羅伊（Ram Mohan Roy）出生（-1833年）。	1776年，戴震完成《孟子字義疏證》。劉逢祿出生（-1829年）。	1776年，平田篤胤出生（-1843年）。

西元	歐洲、美國	北非、亞洲（東亞以外）	中國、朝鮮	日本
1780年	1781年，康德出版《純粹理性批判》。 1783年，英美簽訂《巴黎和約》，承認美利堅合眾國獨立。 1788年，康德出版《實踐理性批判》叔本華出生（-1860年）。 1789年，法國通過了《人民與公民權利宣言》。美國聯邦政府成立。	1783年，遜尼派法律學者、神學家伊布拉欣·巴裘利（Ibrahim al-Bajuri）出生（-1860年）。 1784年，亞洲協會於加爾各答成立。	1782年，《四庫全書》完成。	1780年，賴山陽出生（-1832年）。 1782年，會澤正志齋出生（-1863年）天明大饑荒（-1787年）。 1783年，淺間山爆發。 1787年，寬政改革開始（-1793年）。
1790年	1792年，庫辛出生（-1867年）。法國，法蘭西第一共和（-1804年）。 1798年，孔德出生（-1857年）。馬爾薩斯出版斯《人口論》。施勒格爾兄弟創刊《阿頓瑙姆》。	1792年，什葉派思想家哈迪·薩卜澤瓦爾（Hadi Sabzavari）出生（-1873年） 1798年，謝赫派神祕思想家卡齊姆·拉修迪（Kazim Rashti）出生（-1843年）。 拿破崙遠征埃及（-1799年）。	1792年，英國馬戛爾尼使節團抵達中國。 1794年，魏源出生（-1857年）。 1796年，川楚教亂（-1804年）。	1790年，設立昌平坂學問所。 1798年，本居宣長完成《古事記傳》。

西元	歐洲、美國	北非、亞洲（東亞以外）	中國、朝鮮	日本
1800年	1802年，阿貝爾出生（-1829年）。 1804年，費爾巴哈出生（-1872年）。 1804年，法國，拿破崙受加冕為皇帝，建立第一帝國（-1814年）。法屬聖多明哥獨立為海地。 1805年，特拉法加海戰。奧斯特里茨戰役。托克維爾出生（-1859年）。 1806年，約翰·史都華·彌爾出生（-1873年）。 1807年，黑格爾出版《精神現象學》。美國禁止奴隸貿易。 1809年，林肯出生（-1865年）。達爾文出生（-1882年）。普魯東出生（-1865年）。	1801年，里法阿·泰赫塔維出生（-1873年）。	1808年，段玉裁完成《說文解字注》。	1806年，藤田東湖出生（-1855年）。 1808年，間宮林藏到樺太探險。 1809年，橫井小楠出生（-1869年）。

西元	歐洲、美國	北非、亞洲（東亞以外）	中國、朝鮮	日本
1810年	1811年，伽羅瓦出生（-1832年）。 1812年，英美戰爭 1813年，拉維森出生（-1900年）。 1814年，法國，波旁王朝復辟（-1830年）。巴枯寧出生（-1876年）。 1815年，魏爾斯特拉斯出生（-1897）。 1818年，馬克思出生（-1883年）。 1818/19年，叔本華出版《作為意志和表象的世界》。	1817年，印度哲學家迪貝德拉那・泰戈爾（Debendranath Tagore）出生（-1905年）。 1819年，布特魯斯・布斯塔尼（Butrus al-Bustani）出生（-1883年）。	1810年，陳澧出生（-1882年）。 1816年，阿美士德抵達中國。 1818年，江藩出版《漢學師承記》。	1811年，佐久間象山出生（-1864年）。
1820年	1820年，恩格斯出生（-1895年）。史賓塞出生（-1903年）。 1821年，杜斯妥也夫斯出生（-1881年）。 1826年，黎曼出生（-1866年）。	1824年，達亞南德・薩拉斯瓦蒂（Dayananda Saraswati）出生（-1883年）。 1828年，梵教會（Brahmo Samaj）於印度成立。	1821年，俞樾出生（-1907年）。 1829年，《皇清經解》出版。	1825年，異國船驅逐令。 1829年，西周出生（-1897年）。

西元	歐洲、美國	北非、亞洲（東亞以外）	中國、朝鮮	日本
1830年	1830年，法國，七月王朝成立（-1848年）。 1831年，戴德金出生（-1916年）。 1839年，帕爾斯出生（-1914年）。	1834/6年，羅摩克利須那（Ramakrishna）出生（-1886年）。 1838年，夏布・強德拉・森（Keshub Chandra Sen）出生（-1884年）。 1838/9年，賈邁勒丁・阿富汗尼出生（-1897年）。	1832年，章學誠出版《文史通義》。 1837年，張之洞出生（-1909年）。	1833年，天保大饑荒（-1839年）。 1835年，福澤諭吉出生（-1901年）。 1837年，大鹽平八郎之亂。
1840年	1842年，威廉・詹姆斯出生（-1910年）。馬里烏斯・索菲斯・李出生（-1899年）。 1844年，尼采出生（-1900年）。 1845年，布特魯出生（-1921年）。康托爾出生（-1918年）。 1846年，美墨戰爭（-1848年）。 1848年，弗雷格出生（-1925年）。馬克思、恩格斯出版《共產黨宣言》。 1848年革命。法國，法蘭西第二共和（-1852年）。 1849年，克萊因出生（-1925）。	1840年，普拉塔普・強德拉・馬宗達（Protap Chunder Mozoomdar）出生（-1905年）。 1849年，穆罕默德・阿布都出生（-1905年）。	1840年，鴉片戰爭（-1842年）。 1842年，王先謙出生（-1917年）。 1848年，孫詒讓出生（-1908年）。	1841年，天保改革（-1843年）。 1847年，中江兆民出生（-1901年）。

西元	歐洲、美國	北非、亞洲（東亞以外）	中國、朝鮮	日本
1850年	1852年，法國，法蘭西第二帝國（-1870年）。 1853年，索洛維約夫出生（-1900年）。 1854年，龐加萊出生（-1912年）。 1856年，佛洛伊德出生（-1939年）。 1857年，索緒爾出生（-1913年）。 1859年，胡塞爾出生（-1938年）。柏格森出生（-1941年）杜威出生（-1952年）。達爾文出版《物種起源》。	1855年，阿卜杜勒·拉赫曼·卡瓦基比出生（-1902年）。 1856年，阿迪布·伊沙克出生（-1884年）。 1857年，印度民族大起義爆發。 1858年，蒙兀兒帝國滅亡，英國直接統治印度。	1851年，太平天國之亂（-1864年）。 1854年，嚴復出生（-1921年） 1856年，英法聯軍（-1860年）。 1858年，康有為出生（-1927年）。	1853年，美國培里艦隊航行至浦賀。 1854年，日美簽訂親善條約。 1858年，日美修好通商條約。

西元	歐洲、美國	北非、亞洲（東亞以外）	中國、朝鮮	日本
1860年	1861年，彌爾出版《效益主義》。 1862年，希爾伯特出生（-1943年）。 1863年，美國解放奴隸宣言頒布。 1864年，馬克斯・韋伯出生（-1920年）。 1867年，馬克思出版《資本論》第一卷。	1861年，尤爾吉・宰丹出生（-1914年）。 羅賓德拉納德・泰戈爾（Rabindranath Tagore）出生（-1941年）。 1863年，卡西姆・阿敏出生（-1908年） 斯瓦米・維韋卡南達（Swami Vivekananda）出生（-1902年）。 1865年，拉希德・里達出生（-1935年）。 1869年，甘地出生（-1948年）。	1865年，譚嗣同出生（-1898年）。 1866年，孫文出生（-1925年）。 1868年，章炳麟出生（-1936年）。	1863年，德富蘇峰出生（-1957） 1867年，夏目漱石出生（-1916年）。大政奉還，王政復古大號令頒布。
1870年	1870年，法國，法蘭西第三共和成立（-1940年）。列寧出生（-1924年） 1872年，羅素出生（-1970年）。 1879年，愛因斯坦出生（-1955年）。	1872年，奧羅賓多・高斯（Aurobindo Ghose出生）（-1950年） 1877年，印度帝國成立（-1947年）。	1873年，梁啟超出生（-1929年）。 1877年，王國維出生（-1927年）。 1879年，陳獨秀出生（-1942年）。	1870年，西田幾多郎出生（-1945年）。 1874年，《明六雜誌》創刊。 1875年，福澤諭吉出版《文明論之概略》。

西元	歐洲、美國	北非、亞洲（東亞以外）	中國、朝鮮	日本
1880年	1883年，雅斯培出生（-1969年）。 1889年，維根斯坦出生（-1951年）。海德格出生（-1976年）。	1885年，印度國民大會黨創立。 1888年，阿里・阿卜杜勒・拉齊克出生（-1966年）。 1889年，塔哈・海珊出生（-1973年）。	1881年，魯迅出生（-1936年）。 1885年，熊十力出生（-1968年）。 1889年，李大釗出生（-1927年）。	1883年，阿部次郎出生（-1959年）。 1889年，大日本帝國憲法頒布。和辻哲郎出生（-1960年）。
1890年	1898年，美西戰爭。 1899年，海耶克出生（-1992年）。	1897年，羅摩克利須那傳道會成立。	1891年，胡適出生（-1962年）。康有為出版《新學偽經考》。 1893年，毛澤東出生（-1976年）。梁漱溟出生（-1988年）。 1894年，東學黨起義。甲午戰爭（-1895年） 1895年，馮友蘭出生（-1990年）。 1897年，康有為出版《孔子改制考》。 1898年，戊戌政變。創辦京師大學堂。嚴復出版《天演論》。	1890年，日本政府頒布《教育敕語》。 1894年，甲午戰爭（-1895年）。日本殖民台灣。

西元	歐洲、美國	北非、亞洲（東亞以外）	中國、朝鮮	日本
1900年	1903年，阿多諾出生（-1969年） 1906年，漢娜・鄂蘭出生（-1975年）。列維納斯出生（-1995年）。 1908年，梅洛龐蒂出生（-1961年）。李維史陀出生（-2009年）。	1905年，孟加拉分治、自治與「我們的國家」運動之起始。 1906年，哈桑・班納出生（-1949年）。賽義德・庫特布出生（-1966年）。	1900年，義和團運動。清朝簽訂辛丑合約。 1905年，清朝廢止科舉。	1902年，日英同盟。 1904年，日俄戰爭（-1905年）。

國家圖書館出版品預行編目(CIP)資料

世界哲學史. 7, 近代篇. II, 近代哲學的演進：自由與歷史 / 伊藤邦武, 山內志朗, 中島隆博, 納富信留, 中川明才, 竹內綱史, 佐佐木隆治, 神崎宣次, 原田雅樹, 小川仁志, 三宅岳史, 富澤加奈, 苅部直, 大河內泰樹, 山脇雅夫, 橫山輝雄, 谷壽美著；張哲鳴譯. -- 初版. -- 新北市：黑體文化, 遠足文化事業股份有限公司, 2025.01

面； 公分. --（空盒子；10）

ISBN 978-626-7512-41-8（平裝）

1.CST: 哲學史 2.CST: 文集

109　　113018623

特別聲明：

有關本書中的言論內容，不代表本公司／出版集團的立場及意見，由作者自行承擔文責。

黑體文化

讀者回函

空盒子 10

世界哲學史 7 近代篇（II）——近代哲學的演進：自由與歷史

世界哲学史 7 近代II 自由と歴史的発展

作者・伊藤邦武、中川明才、竹內綱史、佐佐木隆治、神崎宣次、原田雅樹、小川仁志、三宅岳史、富澤加奈、苅部直、大河內泰樹、山脇雅夫、橫山輝雄、谷壽美｜編者・伊藤邦武、山內志朗、中島隆博、納富信留｜譯者・張哲鳴｜監譯・山村奨｜校譯・楊雅筑｜責任編輯・涂育誠｜美術設計・林宜賢｜出版・黑體文化／遠足文化事業股份有限公司｜總編輯・龍傑娣｜發行・遠足文化事業股份有限公司（讀書共和國出版集團）｜地址・23141新北市新店區民權路108之2號9樓｜電話・02-2218-1417｜傳真・02-2218-8057｜客服專線・0800-221-029｜客服信箱・service@bookrep.com.tw｜官方網站・http://www.bookrep.com.tw｜法律顧問・華洋法律事務所・蘇文生律師｜印刷・中原造像股份有限公司｜排版・菩薩蠻數位文化有限公司｜初版・2025年1月｜定價・450元｜ISBN・9786267512418・9786267512579（EPUB）・9786267512562（PDF）｜書號・2WVB0010